Language Rules
for Baby

语言优势成就孩子的毕生发展

苏静 叶壮·著

机械工业出版社
CHINA MACHINE PRESS

图书在版编目（CIP）数据

孩子的语言：语言优势成就孩子的毕生发展 / 苏静，叶壮著 . -- 北京：机械工业出版社，2021.8（2023.6 重印）
ISBN 978-7-111-68721-4

I. ① 孩… II. ① 苏… ② 叶… III. ① 语言教学 – 学前教育 – 教学参考资料 IV. ① G613

中国版本图书馆 CIP 数据核字（2021）第 141774 号

孩子的语言：语言优势成就孩子的毕生发展

出版发行：机械工业出版社（北京市西城区百万庄大街 22 号　邮政编码：100037）
责任编辑：刘利英　　　　　　　　　　　　　责任校对：马荣敏
印　　刷：北京铭成印刷有限公司　　　　　　版　　次：2023 年 6 月第 1 版第 4 次印刷
开　　本：170mm×230mm　1/16　　　　　　印　　张：11
书　　号：ISBN 978-7-111-68721-4　　　　　定　　价：59.00 元

客服电话：(010) 88361066　68326294

版权所有 • 侵权必究
封底无防伪标均为盗版

Language rules for baby

推荐序

　　孟子说自己有两个长处："我知言，我善养吾浩然之气。"公孙丑问孟子："知言是什么意思？"孟子说："知道片面的话不通在哪里，知道过分的话缺陷在哪里，知道歪曲的话偏离正道，知道搪塞的话词穷在哪里。"孟子的优点"知言"属于对语言的理解，充满着智慧。

　　教育部2012年颁布的《3-6岁儿童学习与发展指南》中指出，健康、语言、社会、科学、艺术是幼儿学习与发展的五个领域。语言是交流和思维的工具，既能促进儿童的社会性发展，也能促进儿童的认知发展。儿童在运用语言的过程中，表达自己的思想，理解他人的想法和感受，发展人际关系，从而促进他的社会性发展，有助于将来适应社会生活。儿童在运用语言的过程中，组织自己的思维，通过语言交流从他人那里获得信息，获得间接经验。学习的发生也主要是通过教与学的语言交流而进行的，因此促进语言发展有助于为孩子将来的学习和社会生活打下坚实的基础。

　　苏静和叶壮写的这本《孩子的语言》就是一本帮助家长促进儿童语言

发展的指导书。这本书有以下几个特点。

理论联系实际，可读性强。书中充满生活化的场景描述、丰富的案例，还有针对案例的分析、对策与建议。这使得读者能够与自己的实际育儿生活联系起来，产生共鸣，易于理解。

知识性与游戏性兼顾，操作性强。书中不仅介绍了语言发展相关的理论与原则，还有具体训练的方法、游戏和活动以及儿童语言发育对照表等。家长都可以直接进行运用，可操作性很强。作者强调在生活情境和阅读活动中引导儿童进行语言的学习，而不是机械训练和强化教学，这符合婴幼儿发展的特点。

显性与隐性相统一，倡导宽松、自由的家庭氛围。这本书主要是讲儿童语言发展的相关内容。在阅读过程中，令人感受深刻的是：全书都渗透着鼓励创设轻松、愉快、自由的家庭氛围的理念，引导家长尊重孩子、平等地对待孩子。这会使得孩子喜欢与人交流，从想说到敢说到会说，培养良好的交流兴趣和习惯。这种良好的家庭氛围不仅能促进儿童语言的发展，而且能促进儿童各个方面的健康发展。

倡导夫妻齐心协力培养孩子。两位作者是夫妻，也是同事。书中处处反映出夫妻俩在孩子成长与教育过程中的分工和协作，对孩子的耐心、用心、细心和责任心。现代生活节奏加快，年轻的父母工作压力大，事务繁多。但是，父母是孩子成长的第一任老师，期望广大家长努力做到生活与工作的平衡，关心和陪伴孩子的成长，把孩子培养成对社会有用的人。

科学性与经验性兼顾。生活经验是个案，有时候难以推广到其他人中，但是不讲案例，文字就会生硬，显得不够生动。本书引用了大量的参考文献，许多观点和理论都是基于科学的研究，具有科学性，值得信赖。

同时，作者借助生活中的事例进行观点的说明和应用，具有经验性，通俗易懂。

通过阅读本书，家长能够更好地促进孩子语言的发展。我充满信心地把这本书推荐给广大家长以及儿童教育相关的工作人员。

张荣华
2021 年 7 月 10 日

Language rules for baby

前　言

感谢你打开这本书！请允许我们跟你聊聊你即将在书中看到的内容。

我们俩的关系有两种：首先是夫妻，其次是"同事"。这个"同事"的含义很广，因为对于彼此生活中的很多事情，我们都有着与对方合作的需求与习惯，比如科研、写作以及一些学科方面的项目执行。当然，需要我们合作的最主要对象还是我们的两个儿子。

我们都是心理学工作者，苏静专攻心理咨询与辅导及学校心理学这两个方向，而叶壮则从学心理学开始，就一直专精于儿童心理学。这样的组合让我们既有高度相似的学科视角，又有充分互补的学术专长。更重要的是，我们感兴趣和肯投入的领域是相同的：儿童在成长过程中的规律和问题。从在襁褓中嗷嗷待哺到离开家去上大学，孩子成长的规律很复杂，其间的问题也多种多样。在这本书中，我们选择了一个特别重要的成长元素——语言，来专门聊聊孩子在语言发展过程中出现的那些林林总总的问题。

从我们学了这个专业，到从事教育行业，再到成为二孩父母，我们一直都对孩子的语言发展很感兴趣。一方面，叶壮经常外出授课，"靠嘴皮子吃饭"是叶壮的本职工作，很自然地，会在意孩子这方面的能力；另一方面，在苏静看来，语言是桥接很多心理能力的"路由器"，它与社交、智力、情绪情感等心理机能都有关联，实在太重要了。

之前，我们为"丁香妈妈"的学员专门做过"语言发展"主题的线上课程，当时很多家长在评论区里留言和提问，我们发现，家长在面对这个话题时，着实有不少的困惑。

- 我家孩子两岁了，还是只会那几个词，是不是语言发育迟缓啊？
- 孩子什么时候开始学习外语最合适？怎么学才能母语外语兼得？
- 我家孩子什么都能听懂，就是不爱张嘴说，怎么办？
- 家里老人说方言，会不会影响孩子语言的习得？
- 我家孩子小小年纪就口吃，怎么办？
- 如何培养孩子爱阅读的好习惯呢？

的确，现在的孩子绝大多数不愁吃穿，与"社交"和"智能"直接相关的语言学习自然成了家长们非常关注的领域。与很多家长一样，我们也非常在意自己孩子的语言学习，但与很多家长不一样的是，"教孩子学说话"这件事，我们其实从孕期就开始做了。在孩子出生后，我们也结合他们语言发展的关键期，不断地调整与修正。这些取得了良好效果的方法与实践，包括我们在教孩子学说话过程中踩过的一些坑，我们都会在本书中为你详细复盘。

现在，我们家大儿子最让我们感到自豪的优势就是他"说话"的能力。我们也与很多家长一样，看到孩子"出口成章"时会兴奋，听到孩子"童言无忌"时内心会有暖流，当孩子可以依靠自己的语言能力搞定一些生活琐事时，又会油然而生一种"孩子长大了"的感觉。

其实，语言的影响力并不仅仅在于语言本身。家长们如果单纯觉得："孩子刚刚会跑会跳，学习钢琴、国画一类的又太早，那这个阶段就学语言吧！"这样就实在是把语言发展放到一个太低的位置了。我们精心培养孩子的语言发展能力，是期待能激发孩子的三种优势，而实际上，我们也的确发现孩子优秀的语言表达能力，为他赢得了这些优势。

1. 生命中的先发优势

语言能力强的孩子，往往可以比不会说、不爱说、不敢说的孩子获得更多来自外界的资源倾斜。我们家大儿子两岁七八个月的时候，在我们接他从幼儿园回家的路上，突然开始抽泣。我们把车停到路边，一起询问他到底发生了什么。他讲述了一些当天发生的事情的片段，甚至说出了自己的一些感受。我们很直观地把他说的几个片段拼凑起来，知道在幼儿园发生了什么：他在玩火车玩具的时候，老师告诉他不能再玩了，还"凶"了他，他感到很委屈。次日，我们在送孩子的时候，也单独问了老师前一天发生的事，老师解释说因为他玩火车影响到了吃午饭，她不得不要求孩子停下来，赶快把饭吃了。这件事让我们对孩子放心不少，因为我们确定孩子若是离开我们的视线，吃了亏或难受了，是愿意且有能力跟我们说清楚到底发生了什么的。这其实就给他带来了一种"先发优势"：因为他掌握了跟大人沟通的语言能力，他自然可以得到更多的资源以解决问题。当然，语言的先发优势不仅仅在于对校园霸凌这类事的预防，因为"信息处理能力比别人强"，孩子也更容易培养出自信心、领导力和更广的知识面。

在接下来的内容中，我们也会探讨语言能力如何更高效地转化为可利用的优势，而不让孩子做那种网上流传的说话又多又快，但是毫无营养的"话痨宝宝"。

2. 优质关系

关系的维持与发展需要高质量的交流，而语言能力是高质量交流的重要前提。很多父母之所以非常介意孩子"说话晚"，主要还是因为担心语言能力的发展影响孩子的社交关系。我们和孩子的关系非常不错，主要原因之一就是我们与孩子之间有稳定的"亲子"共读关系——注意是"共读"而不是"我们给他读"。很多时候，我们可能需要二三十分钟才能读完一本薄薄的绘本，而这其中有大量的超越阅读本身的互动。最近，我们又找到一个孩子很喜欢的"文字游戏"，就是一边有节奏地拍腿，一边与孩子比赛谁掌握的"主题词汇"更多。比如，在"交通工具"这个主题下，我们就会打着节奏和孩子轮番说出交通工具的名称。一般情况下都是孩子赢，因为他能叫出《托马斯和他的朋友们》里每个小火车的名字。除此之外，动物、颜色甚至"这间屋子里的东西"都是很不错的主题。与孩子进行类似的游戏以及长期坚持亲子共读，构成了语言能力、语言应用和亲子关系三者良性循环的前提。同样，我们也会在书中详细讲解更多操作性强、效果好，而且我们都试验过的"语言游戏"。

3. 智能发展

对孩子们来说，"越说越聪明，越聪明越说"的良性循环，在成长中是完全可行可期的。在心理学家霍华德·加德纳看来，语言能力就是人的一种核心智能。但我们进一步认为，语言能力是其他能力发展的重要基础。就算是一个闹钟，也会配个说明书，更何况各种学科的知识、有趣的故事、深刻的道理，更是需要语言作为其基本载体。想学怎么开发软件，先学编程；想看懂最新的科研文献，先学英语；想要智取威虎山，先学"天王盖地虎"的黑话。先学怎么用铲子，才能真正铲好地。语言是一种工具，孩子的语言发展是综合智能发展的基石，语言能力强的孩子，往往也是"聪明的孩子"，因为众多的智能都是语言能力的衍生。

语言如此重要，所以我们希望本书在四个方面对孩子有所帮助，那就是语言发展能力的"多快好省"。

1. "多"

从词汇量到掌握的语言种类，家长都期待孩子能够"学得多"。但现实情况是，很多孩子似乎懂得多、说得少。我们在本书中专门安排了说的内容，就是为了让孩子变得更加"健谈"。从充分利用关键期，促进孩子的"词语爆炸"，到与孩子深入互动，让孩子更多地掌握词组、成语等更复杂的表达内容，我们都会谈到。除此之外，我们也会探讨学外语的最佳时间段（没错！外语并不是越早学越好），在早期学习外语的过程中需要注意的问题，以及哪些绘本是帮孩子学英语的利器。

2. "快"

孩子如果开口晚，那么"贵人语迟"真的只是一个安慰父母的坏理由，不妥善处理这个问题，是有可能出现不良后果的。关于开口晚的问题，我们会从孕期的胎教工作开始，聊聊怎么做，更会强调在孩子还不会说话的时候，家长怎么做才能让孩子"早开金口"与"快快学习"。与此同时，我们也会探讨怎么让孩子更早、更快地开始接触语言应用，深入学习复杂词汇，掌握阅读方法。

3. "好"

有很多种方法可以刺激孩子更高质量地掌握语言，我们会在本书中分享一些切实可行的操作方法，也会提及一些经过严谨科研论证的养育方式。比如如何规避家里老人说方言所带来的负面影响，与孩子说"吃饭饭"之类的叠词到底会不会影响孩子学说话，怎样才能培养出孩子讲话时的逻辑性，这些问题我们都会加以讨论。

4. "省"

"省事、省心、省力"同样也是我们期待帮父母达到的目的。现在市面上有很多看似能够帮家长省力的东西——早教机、故事机一类的电子产品层出不穷，但这些产品到底有没有用，甚至有没有副作用呢？你需要避免那些看似能"省"的误区，了解一些既能保证质量又能提高效率的育儿妙招。

为了更好地帮助孩子"多快好省"地学习语言，以及帮助家长定位自身需求，在这本书里，我们给不同年龄段的孩子匹配了恰当的语言学习方法。同时，我们还准备了几大类方法，包括对话话术、阅读方法和互动游戏，都很容易学，而且你在日常生活中也能随时随地使用。

除此之外，本书还根据一个非常重要的理念做了相应的设计，那就是孩子的智能水平与语言能力发展之间有相互促进的关系。智能，不仅仅是通常意义上的"聪明"与否，更是孩子各种模块的智力及能力的总称，其实是一个非常综合的概念，包括模仿能力、逻辑能力、互动能力、理解能力，等等。这些能力与语言能力是可以协同发展、互相促进的，掌握得当的话，通过语言学习可以促进智能的发展，智能发展也会使孩子越说越好。因此，我们把不同年龄阶段孩子语言学习的方法与智能发展对应起来，帮助孩子从不会说到开口说，再到说得好，最后达到"越说越聪明"。

第 1 章主要是让孩子多听，为语言发展做准备，同时提升孩子对声音刺激的反应能力、情绪感知能力、模仿表情能力、交互能力以及认知能力。

第 2 章主要是教孩子开口说话，并掌握简单的词汇。这个阶段与孩子语言能力发展高度相关的能力还有以下这些：表达自我意愿和情绪的能力、初级的逻辑思维能力、认知发展能力、社交和互动能力以及空间思维能力。

第 3 章主要是通过跟孩子多对话，让他们进一步学会流利表达。这个阶段与孩子语言能力发展相关的几个重要能力是：语言理解能力、数学思维能力、逻辑思维能力和想象力。

第 4 章则是我们力荐的一些用得上的亲子游戏，可以非常有效地帮助家长培养孩子的语言能力。家长们在对"当下该做什么"这个问题无所适从时，可以直接运用起来。这些游戏有一个共同的特点：那就是需要你与孩子共同参与。在本书前面所述的教育观念和科学理论的加持下，这些游戏可以让孩子从与你的互动中获得更多语言学习的养分。

本书的大致内容介绍至此，还有一点要提醒大家在阅读过程中注意。

语言学习不是完全按照年龄来划分的，孩子的语言能力发展也存在个体差异，特别是刚好处于两个年龄段中间部分的孩子，语言发展的速度可能差别很大。所以不管你的孩子现在多大，我们还是建议你能够从第一页开始读，而不要只挑个别章节来看，毕竟语言能力的培养非常复杂，还是需要一套比较系统的方法。

希望本书能够带给你科学完整的儿童语言发展知识，同时帮助孩子在语言学习道路上一路进阶：从不会说到会说，从会说到说得好，从说得好到越说越聪明。

苏静、叶壮

Language rules for baby

初步自检

你家孩子到底说得怎么样

在正式开始阅读本书之前,我想你有必要先评定一下自己家的孩子,在"说话"方面,到底发展到了什么样的水平。

在日常生活中,我们可以观察到孩子的各种表现,你可以对照下列标准,看一看孩子是否达到了自己所在年龄段的标准。

以下列举了不同年龄段大部分孩子能够达到的语言能力标准,如果孩子:

1. 所有标准全部达标

恭喜你,孩子语言发育基本正常,请继续保持平时跟孩子积极交流的好习惯。

2. 有 1/3 以下(包含 1/3)的动作无法达到要求

请你先不要慌张,这有可能是因为孩子在未达标的那几方面所受到的语言刺激不足，而并非真的存在语言发育迟缓的问题。你可以针对未达标方面的问题，使用本书中谈到的方法，以及在第 4 章中提供的游戏，有意识地进行训练。

3. 有 1 / 3 以上的动作无法达到要求

请父母及时联系专业机构或者咨询专业人士，对孩子的语言发育情况进行评估，并且针对未达标的方面，在家中有针对性地运用本书所提供的方法与游戏进行训练。

满 9 个月的孩子：会发出声音来表达自己的想法

语言理解

1. 听到自己的名字时，会有回应。
2. 听到熟悉家庭成员的名字或称呼时，会看向该成员。
3. 能听懂一些简单的指令，并做出反应，例如"不""来""抱"。
4. 能和大人保持一定时间的目光接触。
5. 能模仿大人的手势和面部表情。

语言表达

1. 会发出声音来表达自己的想法，例如高兴或肚子饿。
2. 会和他人轮流发出声音。
3. 想引起大人注意时，会喊叫或发声。

10～18个月的孩子：
开始说单个词的句子，例如"汽车""再见""球"

语言理解

1. 会挥手表示"你好"和"再见"。

2. 听到物品名称时，能指出来。

3. 听到"给我"的指令时，会做出反应，例如将物品递给大人或缩手表示拒绝。

4. 能认出2～3个身体部位，听到身体部位名称时会用手指向对应部位。

5. 能听懂一些简单的方位词，例如"上""下""前面"等。

6. 能辨识物品的类别，例如将球放在一起，将积木放在一起。

语言表达

1. 能说出熟悉家庭成员的称呼，例如"爸爸""妈妈""奶奶""爷爷""叔叔""姐姐"。

2. 除了家庭成员的称呼，能说出15个有意义的词，例如"抱抱""吃""汽车""苹果"。

3. 能模仿3种动物的声音。

4. 能模仿大人说出的新词汇的发音。

5. 大人询问时，能说出5～7个物品的名称。

18～24个月的孩子：会说双词句，例如"妈妈抱""吃饭饭"

语言理解

1. 能认出超过4个身体部位或者衣着名称，例如"耳朵""帽子""鞋"。

2. 能听懂更多的指令，例如"坐下""跑""停"。

3. 能模仿环境中的某些声音，例如飞机声"轰隆隆"。

4. 听到动物的声音时，能找出匹配的动物图片。

5. 能执行两步指令，例如"捡起玩具收到箱子里"。

语言表达

1. 能模仿大人说出包含2～3个词的短句。

2. 能说出一些图片上的物品名称。

3. 常常说双词句，例如"妈妈抱""喝牛奶"。

4. 偶尔说3个词组合而成的短句，例如"妈妈吃苹果""妈妈抱抱我""汽车开走了"。

5. 会说自己的名字。

6. 掌握和使用50个以上的词。

24～36个月的孩子：会说包含3个以上的词的句子，例如"我要吃糖果""我想看电视"

语言理解

1. 能饶有兴致地听故事。

2. 能听懂包含 3 个重要词语的指令，例如"把盒子里的汽车给爸爸"。

3. 能理解绘本故事的主要情节。

语言表达

1. 能说出 200 个词语，甚至更多。

2. 能自言自语一大段话来描述正在发生的事情。

3. 会问包含"什么""哪儿""为什么"等疑问词的问题。

4. 能用"你、我、他、你们、他们"来指代。

5. 开始运用"如果""但是""和""跟"等词。

6. 知道并可以正确使用一些礼貌用语，例如"谢谢"和"对不起"。

不管孩子实际的表现如何，其实我们都可以科学地、有针对性地帮助孩子提升语言能力。接下来，我们将会讲解为人父母如何培养孩子的语言能力。

Language rules for baby

目 录

推荐序

前言

初步自检

第 1 章
如何做好孩子的语言启蒙 / 1

最好的语言胎教师：爸爸 / 2
让孩子多听，为语言发展做准备 / 10
亲子共读的力量 / 17
培养五大能力，促进孩子的语言发展 / 25

第 2 章
孩子语言发展的真相 / 29

为什么有的孩子说话晚 / 30
咿呀学语期，该怎么教孩子说话 / 38
三种方法，提高孩子的语言表达能力 / 43

学外语的原则 / 49

给孩子做有针对性的方言指导 / 61

第 3 章
提升孩子的高阶语言能力 / 73

从语法到逻辑 / 74

动画片：选得对，用得对 / 80

从羞于启齿到敢于开口 / 86

出口成章的底蕴 / 92

第 4 章
在游戏互动中发展语言能力 / 99

游戏 1：快乐倾听——小小舞蹈家 / 106

游戏 2：快乐发声——你说一句，我说一句 / 110

游戏 3：快乐识物——看看盒子里有什么 / 115

游戏 4：快乐阅读——做个小书虫 / 119

游戏 5：快乐回应——迷你情景剧 / 123

游戏 6：快乐交流——咚咚咚，谁在敲门 / 127

游戏 7：快乐思考——猜猜我是谁 / 132

游戏 8：快乐想象——呜呜，出发啦 / 136

写在最后 / 143

参考文献 / 147

第 1 章

如何做好孩子的语言启蒙

最好的语言胎教师：爸爸

很多准妈妈、准爸爸问我们："老师，我听说孩子将来说话早不早，是否聪明，跟用什么胎教产品有很大关系。你们可以推荐一些好的胎教产品吗？"这时候，叶壮都会说："有呀，有个特别好用的胎教产品，大家家里都有，但是绝大多数人都没用好用对，那就是孩子他爸。"很多家长听了这个答案都不以为然，甚至还会回敬我们一句："你们可真是会开玩笑。"但我们一点都没有开玩笑的意思，这样说是有科学依据的。

别以为那些所谓的胎教产品，真的能对孩子起到什么作用。

在我们常用的一个音频平台上，用关键字"胎教"搜出来的一系列音频节目里，排名第一的"胎教音乐"播放量近7000万，排名第二的"胎教故事"播放量近1200万，"可以促进孩子的语言发展，培养其道德情操"，一个节目的介绍里这么说。看来，为了不让孩子输在起跑线上，家长们在选手还没进赛场时，就已经开始着手一系列的强化工作了。

然而，对于孩子的语言发展来说，最好的胎教并不是来自音频平台、手机、蓝牙音箱里的莫扎特的曲子和那些温柔的故事。

不焦虑的孕妇，才有更聪明的宝宝

已经有研究证明，孩子在出生前，甚至出生后的相当一段时间里，像故事机、胎教儿歌这样的"单向的语言输入"其实并不能帮助他们更好地学习语言，倒是一些看上去和语言没那么明显关联的东西，反而能起到很好的效果。

其实，作为孕期妈妈或者将为人父的你保持开心快乐，宝宝才能健康成长。对宝宝的大脑和认知能力可以起到最佳效果的"胎教",其实是一个安全、稳定的环境。对于胎儿来说,这个环境就是妈妈的子宫。

胎儿与母亲共享着非常多的感受,孕妇的情绪感受会直达肚子里的胎儿。母亲自身如果产生了太多的压力,与这些压力伴生的激素(主要是皮质醇)也会攻击胎儿。如果孩子的神经系统长期浸泡在大量的压力激素中,那么可能会有两个系统的发展遭遇巨大挑战:一是记忆与认知系统;二是情绪管理系统。而这两个系统中,前者与"语言学习"高度相关,后者则与"语言运用"高度相关。所以,在很多物质资源匮乏、夫妻争执频繁、妻子面对更多生活压力的家庭中,孩子在妈妈肚子里的这10个月,估计不太好受。

1998年年初,加拿大魁北克连下了80多个小时的冻雨。随后,整个城市像被封印在冰中一样,叫天天不应,叫地地不灵。与此同时,当地1000多座电缆高塔接连倒塌,不少交通干线也濒临崩溃。加拿大政府反应很快,军队也第一时间实施救援。但还是有数千居民断电数周,度日如年地在冰窖一样的房子里煎熬着。他们中的一些孕妇无法去医院接受例行孕检,有些甚至必须在家里分娩,这不仅让她们承受着巨大的压力,连肚子里的宝宝也受到了大量的不良影响。

一些科学家跟踪研究了这些受波及的孕妇所生的孩子,发现这些孩子长到5岁大的时候,行为与正常孩子相比,出现了显著差异:他们的智力水平偏低,同时语言发育也迟滞。而罪魁祸首,其实就是他们的母亲在孕期经历的长期的巨大压力。

正处于孕期的你,想生气、想痛哭的时候,请三思而后行,"别伤了孩子"还是很有道理的。能够帮助孕妇减缓与应对压力的最重要的人,往往就是孩子的爸爸。所以应该多让爸爸参与到孕期之中，因为他才是最好的胎教发起者。

放弃那些胎教故事吧，有时间听别人讲故事，不如让宝宝多多享受"三口之家"的共处时光，或者我们自己多给孩子讲讲故事。

不少孩子妈妈会说："我们家大宝当年在我肚子里的时候，我就给他听莫扎特，给他放故事书的录音，现在说话说得可好了！你看，胎教还是很有用的！"其实，这不是胎教有用，真正发挥作用的是这些母亲的坚强和乐观。

听胎教音乐和胎教故事时，母亲们也更容易进入比较稳定与安静的状态，真正让孩子变得优秀的，其实是母亲所提供的安全与低压力的环境，而那些古典音乐和故事，与其说是帮助孩子成长，不如说是在帮助他们的母亲放松。但是，我们往往容易忽略的是：对于准妈妈而言，可能她从怀孕的那一刻起，就已经开始焦虑了，而这种焦虑不是简单地放一首莫扎特的曲子就可以缓解的。孕育新生命给准妈妈带来喜悦的同时，也带来了挑战——注意力、记忆力的减退，激素变化导致身体上的不适和情绪上的不稳定，对胎儿发育是否健康的担心以及不可避免的生活、工作变动，这些都给准妈妈的心理造成了不可忽视的影响，这个阶段的准妈妈对未来有太多的担忧以及对自我的不自信，因此容易胡思乱想。

想要帮助准妈妈放松身心，比古典音乐更好的选择是：来自爸爸的陪伴和赞美。

更好的胎教来自爸爸的陪伴和赞美

我们经常能从各种渠道了解到这样的家庭：从准妈妈检查

出怀孕的那一刻开始，全家人都会把她当皇太后一般供着，饭来只需张张口，衣来只要伸伸手。而这种完美条件，在苏静怀着我们家大儿子的时候，却是不存在的。

苏静虽然身材娇小，实际上却是一个很彪悍的女汉子。意外怀上老大的那段时间，她辞了工作，一边忍着孕吐一边参加全国研究生统考复试面试。紧接着，一个人拖着行李箱赶往外地租房读书，一直坚持到了预产期前两周，才拖着大肚子回家待产。

在她怀孕的整个过程中，我没能时刻陪伴她。但是，只要是周六日或者工作不忙的时候，我都会在路程上花费来回6个小时，只为了陪她一天或仅仅一个晚上。

那段时间很辛苦，但很快乐，我也会充分地利用这短暂的陪伴来营造良好的体验：陪她在校园闲逛，陪她到教室上课，陪她在食堂吃饭……我会静静地听她讲学校发生的有趣的事，也会给她讲段子逗乐，更重要的是，我会由衷地变着花样夸她。当她告诉我，班里有个男生说要给她介绍男朋友的时候，我对她说："你看，这说明什么？说明虽然你已经怀孕5个月了，身材还是保持得很好，一点都没走样，和你们班那些小你将近五六岁的小姑娘一样青春靓丽，魅力不可挡。"当她在电话里提到每天挺着7个月大的肚子在校园里走的时候，都会引来周围人的注目，感觉有点尴尬，这时我会安慰她说："周围人注目，是因为你很特别，一个准妈妈还能这么上进求学，说明你很强大，你是独一无二的。而且宝宝在肚子里跟着你听了好几个月的研究生课程，这个起跑线都甩别人家孩子好几条街了！"

当她即将暂别校园回家待产前，我特意请了两天假去陪她，带着单反相机，想为她怀孕求学的日子留个纪念，并且当晚就分享到朋友圈，收获了无数的称赞。我告诉她："媳妇，你看我给你拍的这几张照片，你怀孕除了肚子渐长，不仅身材没走样，皮肤还水嫩了，要不是肚子鼓鼓，估计别人都以为你是大学生。这可不是我一家之言，大家都是这样说的。"

每天晚上找个时间，一家三口躺下聊聊天。让爸爸也隔着肚皮和宝宝接触一下，然后真心赞美一下妈妈，共同憧憬一下孩子的到来以及家庭的美好未来吧。请一定记住孕期最美的笑容，不仅仅出现在拍孕妇照、全家福的时候。这既是一家人的共处，又能够很好地帮助妈妈舒缓压力、调整情绪，还可以让爸爸对于自身的角色有更深入的认识，更重要的是这些来自家人的声音刺激、情感包裹与触觉刺激，会对孩子的成长起到积极的促进作用。

不管是在睡前，还是在遛弯儿时或在吃饭时，我们主要交流的内容都是些开心、放松、能让苏静高兴的事。孕期的宝妈身材走形、行动不便、饮食受管控，还动不动就呕吐腰疼，想穿的衣服没法穿，想吃的东西不能吃，洗个澡都费劲更何况逛街。爸爸一定要在这个时候充分共情，多说好听的话。

离预产期还有一个半月的时候，我专门让苏静穿了一套漂亮的衣服，拿着相机给她照了一组照片。我带了一个广角镜头，借助一些构图的方法，照出来还挺显瘦的，苏静特别高兴，我也很有艺术地夸赞一番，还发了个朋友圈。后来她跟我说，她就因为这件事高兴了好几天。

我相信，孩子当时也肯定陪着他妈高兴了好几天；我更相信，在这样长期的积极语境下，孩子与语言相关的脑功能也会得到更好的发展。

——叶壮

怀胎十月,爸爸该知道什么

怀胎十月,妈妈们最能切身感受到孩子的快速成长,他们在为即将面对的世界做准备,爸爸们也有必要共同参与,别以为孩子没出生呢,自己还不需要做什么。如果你是宝妈的话,接下来,请允许我们为你提供一些能帮助你说服宝爸的素材。

受孕四周后,我们就已经能从胎儿头上发现与听觉相关的组织了。

在孕中期,胎儿已经可以在子宫内听到妈妈的说话声,并会在出生后更偏好这些声音。如果把妈妈的声音做一些处理,让它更像胎儿在子宫里听到的音色,宝宝们则会对这些声音表现出更大的兴趣。与此同时,其他的人声也可以被胎儿辨识。这个时候,我们就需要爸爸出现了。

爸爸们可能会质疑:"听出来是我又有什么用呢?他又听不懂。"的确,他真的不知道你说的内容到底是什么,但重要的是,父母两个人都有必要更多、更放松地去"当着孩子的面"多说多谈。

蓝牙音箱里播放的故事可能声情并茂,但毕竟不是真人,终归还是机器发出的冷冰冰的声音,一成不变,也缺少交互。给孩子最好的语言胎教,其实就是爸爸妈妈在他周围说的那些积极的情话,这些话带着温度与情感,同时也能让孩子产生充分的感知。

如果你是宝爸,又不太知道怎么才能哄宝妈开心的话,下面的清单则能给你提供更多的话术线索。

第一类：我爱你——别等宝妈问你到底爱不爱我。

第二类：我想你了——难道天天见面，就不能想念了吗？

第三类：你真美——怀孕后是不是难看了？我的新衣服怎么样？请谨慎回答。

第四类：谢谢你——多肯定宝妈的付出吧，她会很感动、很欣慰的。

第五类：关心你——很多时候，她不需要你给她一万种办法，可能只需要你给她一次关心。

第六类：你好吗——为什么宝妈总抱怨你不关心她，那有可能是因为这句话你说得太少了！

其实所有的赞美都离不开以上这六大类，它们可以排列组合，转化到各种场景来加以使用。比如在晚上睡觉前，试试这样："老婆，今天孕吐好些了吗（你好吗）？怀孕真是辛苦你了（谢谢你）。"

专│题│答│疑

Q：除了爸爸之外，还有哪些因素会影响妈妈，从而影响胎儿发育呢？

A：除了爸爸之外，还有很多事物会影响妈妈的情绪，只是通常爸爸更为重要一些。妈妈最需要知道的一点是，"我是孩子成长的基本土壤"，外界很多因素对孩子产生影响其实是以妈妈为中介的，所以包括家庭成员、自己的事业、生活状态等诸多的元素都有可能会对胎儿发育产生影响。最主要的未必是知道影响因素到底有哪些，而是了解妈妈自己是宝宝发育的特别重要的防火墙，所以更需要做好自己的心态保健以及情绪管理工作。

Q：妈妈自己可以怎么做？

A： 关于妈妈们自己就可以做的事，我有三点建议。首先是保证自己的良好心态，有一些很简单的方法可以帮助妈妈拥有良好心态。比如，吃糖就是其中的一个办法。有时候心情不好，吃一块巧克力，的确是有作用的，糖分的摄入对于改善情绪有非常直接的生理机能。其次是积极进行体育锻炼，不要因为怀孕了就闭门不出再不锻炼，长期宅在室内不运动，其实也会给情绪造成负面影响。最后就是我依然建议孕妇们去参加比较多的社交活动，社交活动容易带来比较良好的情绪感受，同时也会给人提供比较充足的人际支持，而这对于人这种社会动物来说，对于改善情绪有非常大的积极作用。

Q：我孕期就生过气，会对胎儿有影响吗？

A： 孕期对于女性来说是一个比较特殊的时期，因为要面对很多新的挑战以及生理上激素的作用，想一直保持非常好的情绪、平和的状态非常难。我们在一些研究中看到孕期女性的负面情绪对于胎儿产生影响主要基于两点：一个是孕妇经历了长期的压力；另一个就是孕妇在怀孕期间经历了重大的创伤。如果你所说的生气只是一次比较普通的争执，而且你自己也很快调整过来了，其实对胎儿产生的负面影响是很有限的，我们觉得你不必太过担心，不要让这种担心反而成了自身压力的下一个来源。

让孩子多听，为语言发展做准备

很多家长都觉得自己的孩子开口不够早，其实在我们看来，真正的原因往往是家长对孩子语言的启蒙太晚。要知道，对孩子来说，学语言是天生的技能，就算他还没开口，学习也已经开始了。很多家长有个挺严重的养育误区：孩子很小的时候，本该多跟孩子说话，却偏偏说得不够多；等孩子长大点了，到了要少说两句的时候，却偏偏说得又太多。

其实，在孩子开口说话之前，正是家长自己最该多话的时候。

"唠叨"的父母很有用

每个新生儿都是语言天才，他们对语音（注意是语音，不是语言）有着惊人的、远超成年人的感知力。璀璨的钻石是打磨出来的，语言天才也是语言环境磨出来的。对学说话的宝宝来说，初级阶段最需要的是唠唠叨叨的家长。

大部分父母都能够记住自己孩子说的第一个词，那确实是让人激动不已的时刻。但我们往往忽视的是，孩子说出来，虽然是会说话最明显的证据，但孩子学说话却不是从说开始。学说话的起点，是"听"而不是"说"。有很多家长跟我说："我虽然能和孩子畅所欲言，但是，他就躺在那里盯着我乐呵，我感觉就像对牛弹琴，这真的有用吗？"我肯定地告诉大家，有用，非常有用！为什么孩子学说话要从听开始呢？你需要先了解孩子学说话的过程。这个过程简单来说，是由简到繁，再由繁到简的过程。

什么是由简到繁呢？对婴儿来说，最先发育的是语音的感知能力，然后才是发音能力。这很好理解，婴儿先感知和理解语言，才能说出语言。所以婴儿学说话的最初阶段，需要大量的"听"。孩子听的能力远超我们的想象。世界上有多少种语言呢？德国出版过一本比较权威的语言书《语言学及语言交际工具问题手册》，这本书中提到，现在世界上查明的语言就有 5651 种，而全世界的语言中包含大约 200 个元音和 600 个辅音。不同语言的发音可以说千变万化。神奇的是，新生儿对世界上所有语言中存在的语音全都具备感知能力，他们甚至能区分出仅有细微声学差异的语音。也就是说，一个 6 个月大的母语为英语的婴儿能够轻松地发现印地语和撒利希语的语音差异，一个 7 个月大的母语为汉语的婴儿能很好地区分出泰语的不同声调。这是我们成人望尘莫及的。说到这里你应该已经理解了。不用担心孩子能否听得懂，他们感知语音的能力是远远超出我们想象的，所以不仅要说，还要多多跟孩子说。

接下来，我们再来说说什么是由繁到简。孩子在出生后的第一年最重要的任务，是在学习词汇之前，不断削弱自己的语音感知能力。这是什么意思呢？就是从众多的元音和辅音中，过滤出自己母语的 40 个语音范畴，从而形成对母语语音的特异感知。就跟上大学选专业一样，孩子要告诉自己：这是我的母语，我就学这个啦！由繁到简的过程非常重要。婴儿在 6～12 个月期间，会从最初的普遍语音感知能力逐步转变为对母语语音的特异感知。婴儿的这种特异感知能力，可以用来预测他们之后语言能力的发展速度。所以，孩子学习语言需要先大量接触语音，然后再从众多语音中形成对自己母语语音的特异感知。如果你期待加快你家孩子语言能力的发展速度，那就要帮助他更顺利完成从普遍感知到特异感知的过渡。而这需要大量母语经验的辅助，也就是说，你们要多多对孩子说自己的母语，这样才能让他学得更快。

总之，建议其实很简单：孩子尚小时，多说话，等他长大了，家长再控制自己，别唠叨。从孕期到产后的一年里，孩子虽然没法跟我们开口说话，但我们却要对他多多说话，这样才能让他"浸泡"在语言环境中，为日后耳濡目染做准备。

万物皆可聊

自苏静怀孕伊始，我就发现平时干练的她开始喜欢对着自己的肚子喃喃自语、自问自答，经常事无巨细地描述自己的所见所闻、所思所想。让我印象最为深刻的是一到周末，她就拉着我逛动物园、博物馆，每每都会向肚子里的宝宝介绍各种动物的习性特点、每样藏品的历史价值，如数家珍，俨然一个博学多才的动物学家和考古学家，这让我尤为诧异，因为她是一个平时连人名都记不住的人。在她怀孕的第5个月，她兴奋地跟我宣布，她要做一个心理学实验：在每天睡觉前，给肚子里的宝宝读故事绘本《一只流浪狗的幸福生活》，看看孩子出生后会不会对这本故事绘本产生偏好。

无论是对于她的自言自语还是实验验证，我都表示全力支持。因为众多心理学研究证实，早在母亲体内时，胎儿就开始了对语音的学习。出生前的听觉经验会对孩子的语音感知产生影响，例如新生儿对于自己出生前听到过的妈妈的声音、故事和音乐都会产生偏好。至于实验结果如何，在孩子出生后，也没有进行过多的求证，但是苏静对着孩子唠唠叨叨和读绘本的习惯却沿袭至今。如今，很多人感叹孩子的语言表达是遗传了我的优良基因时，我却是不敢居功自傲的，因为孩子语言的发展，苏静的努力功不可没。

——叶壮

除此之外，我们在跟孩子说话的时候，还要多点感情，因为语言中包含的信息一部分来自语义，还有一部分来自表情、语气和肢体动作。

在这里，不得不说我们家老一辈对于和孩子交流这件事，做得真的很到位。苏静在坐月子期间，她妈妈拎了好几只自家养的鸡，从广东赶过来帮忙照顾孩子。只要孩子醒来，就爱不释手地抱着，开始和孩子进行"非常规"对话。例如孩子正在房间睡觉，因为纸尿裤湿了不舒服，哭醒了，在客厅看电视的姥姥就一边跑一边对着房间的孩子喊："哎哟哟，我们家小乖乖醒了，姥姥来了啊！"来到房间伸手摸摸孩子的屁股，发现湿了，就立刻对眼泪还在眼眶打转的孩子说："哦哦哦，我们家小乖乖尿裤子了，不舒服是不是，咱们不委屈不委屈，姥姥马上给你换干净的，清清爽爽的，好不好？"从姥姥和孩子的互动过程中，并没有出现我们成人常用的"你一言我一语"的常规对话，我们却能看到，孩子成功地表达了自己的意愿，而老人也很好地回应了孩子。

尽管我们倾向于把"语言"看作词语或者词组的生成，把"交流"理解为一问一答、一言一语的来往，但真正的语言和交流是信息的互换，这里的信息可以是一个表情、一个眼神、一个动作，并不局限于口头表达或是文字传递。因此，婴儿在说出第一个词之前，他们就已经开始进行语言交流了：咿咿呀呀的叫声、哼哼唧唧的哭声、咯咯的笑声等，都是婴儿在练习表达，我们要及时地给予回应，试着去和他们说话，而不是采用"对话交流"的方式，教给他们"交流"是双方参与和轮流进行的。

如果你还是不太清楚,在日常生活中如何跟孩子"有感情"地交流,那下面这个"情绪表达"清单,可能会给你提供一些帮助。

"情绪表达"清单

1. 喂奶

"肚子饱饱,心情好好,肚子空空,心情糟糟,宝宝是不是肚子饿了呀,所以心情糟糟地哭鼻子是不是?"——在孩子肚子饿了哭闹时。

"宝宝咕咚咕咚喝,我们要长大高个。"——喝奶中。

"哎呀,哪个宝宝吃得肚子圆鼓鼓啦圆鼓鼓。"——喝奶后。

2. 换尿裤

"哇,谁的尿裤沉甸甸的,是不是宝宝的呀?"——换尿裤前。

"把左边的胶带撕开,再把右边的胶带撕开,哇,谁的小屁屁露出来啦,凉飕飕啦凉飕飕。"——脱尿裤时。

"哎呀,谁的屁屁坦荡荡啦坦荡荡,我们快点把尿裤穿好,不给别人看见啦。"——穿尿裤时。

3. 哄睡

"早睡早起身体棒,宝宝快快睡,安然入梦乡。"

"小宝贝,快快睡,睡到天亮又天黑。"

"哎呀,有个宝宝已经困得眼睛睁不开啦,我们要开始躺倒、闭眼、打呼咙,呼哈呼哈呼哈。"

4. 换衣服

"外套脱掉脱掉,马甲脱掉,上衣脱掉脱掉,裤子脱掉,哎呀,谁变得光溜溜了呀？"——给孩子脱衣服时。

"妈妈要给宝宝穿衣服咯，小胳膊撑一撑，哎呀，衣服套上身，小腿蹬一蹬，哇，裤子穿好啦。"——给孩子穿衣服时。

"妈妈要带宝宝出去玩咯，戴上小帽子呀，围上小围巾，套上小袜子呀，穿上小短靴，哇，准备完毕，出发啦。"——带孩子出去玩时。

5. 洗澡

"水声哗啦啦，我们要准备洗澡了哟，给宝宝洗白白啦。"——放水洗澡前。

"给宝宝洗洗头，洗洗脸蛋，洗洗脖子，洗洗胳肢窝，洗洗屁屁，洗洗手手。"——洗澡中。

"啊，美男子出浴啦美男子出浴啦，干干净净香喷喷。"——洗澡后。

6. 玩耍

"我给宝宝按按摩，捏捏耳朵捏捏耳朵，捏捏脸蛋捏捏脸蛋，捏捏胳膊捏捏胳膊，捏捏手手捏捏手手，捏捏肚子捏捏肚子，捏捏大腿捏捏大腿，捏捏脚丫捏捏脚丫。"——让孩子躺在床上，给他轻轻地捏身体的不同部位时。

"我们来做运动吧，左三圈右三圈，脖子扭扭，屁股扭扭。"——抱着孩子一起跳舞时。

"我们来做游戏吧，踩单车踩单车，宝宝是运动健将啊运动健将。"——让孩子躺在床上，做踢腿运动时。

🕐 专│题│答│疑

Q：妈妈每天需要跟孩子说多久，有建议时长吗？

A：的确，我们既不应该寡言少语，也没有必要对着孩子喋喋不休。我们每天跟孩子说多久其实要看具体情况，但我们可以把握每天跟孩子说多少。现在已经有研究发现，孩子出生后，平均每小时让孩子听到 2100 个词，也就是一天让孩子能接触到 5 万多个词是最好的。听上去虽然很多，但实际上我们成年人每天要接触的词汇差不多是十二三万个，所以每天让孩子接触到 5 万多个词，基本上就是日常生活中稍做努力就可以达到的一个指标。

Q：我说的词语都很普通，一点也不高大上，可以吗？

A：在跟孩子交流的初级阶段，并不是高大上的词汇才是好词汇。事实上，我们日常生活中绝大多数使用的词都没那么复杂，那些真正高大上的词对于普通人来说，在日常生活中每年也用不上几次吧。我们在跟孩子讲话的过程中，从一些接地气的词开始，这一点问题都没有：一方面，孩子学以致用的门槛低；另一方面，孩子对于复杂词汇理解起来更困难，所以在语言学习初级阶段，我们更加建议说一些普通的词汇。

Q：我说累了，可以用故事机代替吗？

A：我其实很能理解家长上了一天班，故事讲了好几遍，已经累得不想张口的情况。毕竟并不是每一次对孩子说话都要以教他说话为直接目的。如果你累了，或者仅仅就是想让孩子听个故事，或者只是需要一个声音来安抚孩子，那我们觉得用故事机也没有什么不可以，毕竟家长也是人，也会累，当然可以结合场景选择用不用故事机。

亲子共读的力量

孩子天然和故事有着不解之缘，他们的童年常常因为他们亲历的、听到的甚至自己创造的故事而充满幸福的回忆。如果有人问我们，什么时间适合开始给孩子讲故事，我们的回答很简单："多早都不嫌早。如果你还没有开始的话，那问完这个问题后，你就可以开始了。"

听不懂？更要说！

受孕 4 周后，我们就已经能从胎儿头上发现与听觉相关的组织。在孕中期，胎儿已经可以在子宫内听到母亲的说话声，并会在出生后更偏好这些声音。如果把母亲的声音做一些处理，让声音更像胎儿在子宫里听到的，孩子会对这些声音表现出更大的兴趣。

即使孩子再小，也请常常和他们一起阅读。你可能会觉得，就算孩子能听到也听不懂呀。事实上，如果让还有 6 周就分娩的孕妇每天大声朗读某个具体的故事，坚持到孩子出生，那孩子出生后再次听到妈妈朗读那个故事时，就会产生特定的反应：嘬奶嘬得更起劲。换个人讲或者换个故事都起不到类似的效果。所以，就算孩子听不懂，他对特定个人所说的特定内容也是有反应的。他们可能并不理解你所说词语的含义，也搞不清楚情节发展的脉络，但他们会对你的声调和抱在怀里讲故事所提供的亲密感做出回应。他们的语言、智力和情感也会因为积极健康的故事得到更好的发展，为培养受用终身的阅读习惯打好基础。

认知神经科学领域的研究发现，0～6 岁是孩子大脑高速发展的时期，而且右脑发展的优先级要略高于左脑。从脑区分工的角度来说，右脑关系到孩子的音乐、运动、色彩、空间和形状等领域的发展。而且大脑发育是有关键期的，它从出生后一路走高，在 4 岁时达到高峰，6 岁就开始衰减,到青春期时,发展速率基本上就只有 4 岁时的 1/3 了。

家长们也不用紧张,右脑发展速度的衰减并不是右脑缩小了或者细胞死亡了,而是具有传导功能的神经突触因为没有受到刺激和强化,为了减少大脑的负荷而逐渐断裂衰减。这种衰减与我们的学习方式有很大关系,因为孩子上小学后,就基本采用以机械记忆为主的"左脑优先"学习方法了。所以,在右脑先行发达的婴儿期,我们应该结合右脑的特点,采取适合右脑学习的方法,运用生动的图片、丰富的声音、优美的韵律、深厚的情感来帮助孩子达成认知的目的,并且给他们提供大量想象的素材和发挥创造力的空间。

这些素材和空间从哪里来?绘本。

如何与孩子"共读"

我们都算是爱看书的人,总是不定期地会把想看的书买回来,碰到哪家卖书的电商打折,那更是不剁手都不舒服。其实,我们难免也有"买书如山倒,读书如抽丝"的毛病,家里的书堆积成山,甚至没拆封的书也数量惊人。但是,自从我家大儿子出生后,我真真切切地体会到了什么叫"买书如山倒,读书如山崩"。很多时候,孩子对阅读的热爱,让我们自愧不如。

读书的重要性不用再赘述了,那么读故事到底有哪些具体工作要做呢?

1. 请给孩子准备一个专门的"放书空间"

因为孩子平时都在客厅活动,所以我们把客厅的一面墙作为孩子物品的收纳空间，空间里的玩具不少，绘本更多。为了摆放有序，我们甚至还订制了一个宽达一米五的、专属孩子的矮脚书柜，里面塞得满满当当，一点空隙都没有，以至于后来给孩子买的新书没有地方放置，只好另辟蹊径，又买了一个书架，用来放置孩子睡前要听的故事书，而另一部分科普书则毫不留情地侵占了我们那本来就负荷过重的书房。

孩子的书再多，也肯定比不上我累积多年的书，但是真正让我佩服的是，除了个别几本孩子不太喜欢的绘本，几乎所有的书他都读过，而且大部分书读了不下20遍、30遍，特别喜欢的一些书甚至读了上百遍，以至于每次给他读故事时，孩子还能提醒我们漏掉了哪句话，少念了哪些词，可谓是"倒背如流"。

很长一段时间里，苏静都顾不上给自己挑书、买书，每个月邮寄到家的书基本上都是孩子的绘本故事。这些书有的是孩子主动要求买的，有的是她自己想买：因为每本书孩子都会要求读10遍、20遍、30遍，每天陪着孩子阅读的她为了增加新鲜感，只能不断地买新书。

2. 要引导孩子在生活中使用书中学到的"高级词汇"

让我们感到欣慰的，不是孩子读了多少本书，每本书读了多少遍，而是刚满3岁的他，已经养成了爱好阅读的好习惯，并且学会了将书本里的知识与现实生活融会贯通，熟练并准确地运用各种高级词汇来表达。例如在他两岁刚上幼儿园的时候，老师常常会跟我们说，你们家孩子真的非常有意思，因为每当大家问他周末要去哪里玩的时候，他都会回答说："我要去远方旅行，看最美的风景。"这句话是从他特别喜欢的绘本《火车带我去远行》里演变而来的。

在孩子两岁半左右的某一天，我们正在看一部关于征服大自然的纪录片，里面有一段拍摄的是珠穆朗玛峰的景象，他激动地指着电视对我说："爸爸你看，那是暴风雪肆虐的山峰！"当时他的这句话让我们震惊不已，我们完全不知道他是如何学会用"肆虐"这么复杂的词汇的。后来，我们在一本名叫《秘密列车》的绘本里，找到了"暴风雪肆虐的雪山"这句原文，而这句话对应的是一幅充满童趣而抽象的雪山图画。孩子能将这幅画和真实的珠穆朗玛峰关联并对应上，让我们不得不感叹他惊人的联想能力和语言应用能力。孩子阅读习惯的培养、语言表达能力的发展，与我们从他出生开始就陪伴着他，给他念各种各样的绘本，给他开展早期的"分享阅读"不无关系。

3."自己读"和"爸妈读"，后者的功用其实大过你所想

研究者指出，学前儿童口头语言能力的发展主要通过两种途径：一种是儿童单独的阅读活动，即自主阅读；一种是成人和儿童之间的共同阅读活动，也就是我们常说的分享阅读。分享阅读是由新西兰教育家霍达威首创的一种成人与儿童互动式阅读法，是一种不以学习生字为显明目的，营造轻松愉快氛围的亲子互动方式。分享阅读和自主阅读都是学前儿童阅读的方式，但我们在调控其平衡的时候，还是应该以分享阅读为主。

我们平时和家长们交流孩子的教育问题时，常碰见一些家长自豪地说他家孩子不到 3 岁，就已经认识不少简单的汉字，能自己阅读一些绘本了。这确实值得骄傲，但是家长在教孩子识字的同时，却错过了孩子其他方面的培养。比如我们上面所说的右脑开发，孩子在色彩、空间、形状等领域的发展。不仅如此，大量研究证明，自主阅读的孩子不能很快把握绘本内容的重点，容易出现注意力分散的情况。所以，我们更建

议采用亲子分享阅读的方式。大量的研究证明，相较于自主阅读，当有成人陪伴阅读时，婴幼儿的注意力水平更高，并能快速、有目的地抓住重点，并且在成人朗诵演绎的过程中，孩子能够将物品图片与物品本身联系起来，学会区分和辨识话语中的不同声音，从而提升理解能力，实现联想配对，大大促进他语言能力的发展。

绘本绚丽的图画、优美的文字和有趣的故事能为孩子提供各种感知、观察和思考的学习经验，使孩子在阅读过程中产生对自然、科学、社会、艺术的好奇心和探究欲。而父母把自己对绘本故事的理解和感悟通过声音、神情传达给孩子，能够给孩子强烈的情感体验和愉悦畅快的阅读享受。千万别把阅读当成任务和目标，甚至是识字的工具，而要把它当作一种良好、愉快的亲子互动方式。即使阅读已经结束，但关于绘本故事的体验、理解以及在阅读过程中的快乐却能一直伴随左右，教会孩子甚至父母在以后的生命历程中该用怎样的语言和方式去表达爱。

我们的私家绘本清单

1. 《我爸爸》《我妈妈》

2. 大卫系列

3. 《好饿的毛毛虫》

4. 小熊宝宝系列

5. 《棕色的熊》

6. 揭秘翻翻书系列（《揭秘地球》等）

7. 小猪佩奇系列

8. 《猜猜我有多爱你》

9. 小鸡球球系列

10.《蹦》

11.《妈妈买绿豆》

12.《抱抱》

13.《晚安，大猩猩》

14.《鸭子骑车记》

15.《我爱幼儿园》

16.《开车出发》

17.《点点点》

18.《好饿的小蛇》

19. 皮特猫系列

20.《100 层的房子》

21. *I am a Bunny*

22.《噗噗噗》

23.《小熊很忙》

24.《晚安，工地上的车》

25.《牙齿大街的新鲜事》

26.《不睡觉的世界冠军》

27.《和甘伯伯去游河》

28. 米菲认知洞洞书

29.《谁藏起来了》

30.《月亮，晚上好》

31.《逃家小兔》

32.《青蛙弗洛格》

33.《肚子里有个火车站》

34.《蚂蚁和西瓜》

35.《汤姆兔》

36. 托马斯和朋友系列

37. 宫西达也的恐龙系列

38.《肠道滑梯咕噜咕噜转》

39.《连在一起》

专 | 题 | 答 | 疑

Q： 关于亲子共享阅读，具体该怎么读？

A： 关于亲子共读，我们特别想跟你分享"牛津阅读树"的作者罗德里克·亨特（Roderick Hunt）曾经提到的共享阅读的三个要点。第一个要点是时间，共享阅读的时间是一个有必要加以保障的元素，不管在频率上、频次上，时长都要有保障。第二个要点是要让孩子通过阅读感受到成就感。如果孩子年龄小，有的阅读是可以融入游戏之中的，让他能够觉得自己可以"搞定"；如果孩子年龄稍微大了一些，通过回答一些问题，分析一些绘本里的话题和元素，也可以让孩子获得成就感；如果孩子年龄再大一些，则可以通过让孩子来给父母讲故事以促成孩子的成就感。总之，形式可以多变，让孩子持续通过阅读感受到成就感很重要。第三个要点就是父母在亲子共读中要学会发问，阅读其实并不是父母单纯地给孩子读，或者是孩子给父母读，而是有可能连续几周需要父母跟孩子一起来读同一个故事，而发问给孩子提供了一些阅读上的自由度。以上就是"牛津阅读树"作者罗德里克提出的共享阅读三要素。除此之外，我们还想提一点我们自己的看法和观点。我们认为亲子共读最关键的不是读具体的文字，而是通过亲子交流，进而引导孩子发现阅读的乐趣，所以可能在读字之外还需要看图、赏图、分析图来帮助孩子充分地发挥想象力。在阅读的过程中，大人跟孩子可以讨论故事情节，讨论故事角色，深入挖掘插图的细节，这也可以促进孩子视觉和空间认知能力的发展。当然，还可以进一步基于故事的内容来进行情感和价值观的渗透，以及培养文化品质，甚至培养孩子的生活习惯，这些都是可以通过共读和互动来达成的。一定不要把共读看作一个单纯的形式，不要把它看作服务于阅读体验的一种方法，它更多是可以让阅读对孩子产生更深入影响的一个体系。

Q：1岁以下的孩子根本控制不住，不听你读，怎么办？

A： 首先，你应该选择一些符合孩子当前年龄段特点的书，如果一本书每一页上的内容太多，需要花15～20秒的时间才能讲完，那孩子的注意力和兴趣可能的确没有办法保持那么久，所以我们建议你选择一些更符合孩子当前年龄段的初阶书目。除此之外，有的书不仅可以用来读，还可以用来玩，所以你也可以选择一些专门针对低龄孩子的书，不管是摸摸书还是洞洞书，抑或是立体书，其实都有适合低龄孩子的设计，你可以通过这样的方式在孩子跟书之间建立一个比较强的联结。

Q：1岁以下的孩子应该怎么选择绘本？有什么标准吗？

A： 1岁以下的孩子可以选择的绘本集还是挺多的，相信你也可以通过多种渠道接触到这样的书单，所以我们重点来讲一下选购时需要注意的几个优先原则。第一，对于孩子的刺激要多元化。因为这个年龄段的孩子，不仅仅是需要去听，同时还需要去看，需要去触摸，需要去跟一本书进行互动，所以这本书的表现形式最好不仅仅是依托优美的文字，更要依托绚丽的色彩、有趣的设计，甚至摸上去有点不一样的触感。第二，绘本内容可以跟生活元素加以结合，比如一些专门讲交通工具的，或者讲水果的，或者讲动物的，能够让孩子了解到这些书上的内容，跟生活中的一些实物一一对应，而且这些东西之间有一些分类标准。第三，能够跟生活中的场景和感受加以联结，比如有的绘本讲什么叫作"饿"，还有的会讲什么叫作"蹦蹦跳跳"，那么这些绘本其实都值得选择，因为"饿"和"蹦蹦跳跳"未必直接有实体的指代，但它是生活中常见的一种元素。以上三个原则是你在给孩子选择绘本时需要重点考虑的。

培养五大能力，促进孩子的语言发展

在讲完专业知识之后，我们还是希望你能再次坚定一个认识：语言启蒙的开始不是说，而是听。对于孩子来说，要先能在一定程度上理解，然后才能慢慢说出来。所以在理解语言的过程中，光靠听是不够的，还需要其他能力的配合。这个阶段与孩子语言发展最相关的五种能力分别是：对声音刺激的反应能力、情绪感知力、模仿表情的能力、交互能力以及认知能力。

语言的影响不止沟通

通过语言启蒙可以促进这些智能的发展，智能发展也会反过来促进语言能力的发展，相辅相成，相互促进，让孩子越说越聪明。

下面我们来有针对性地看看为什么要培养这些能力，以及这些能力和语言发展的关系。

1. 培养孩子对声音刺激的反应能力

在语言启蒙的初级阶段，孩子特别需要培养对听觉刺激的反应能力，这里说的并不是能否听到的那个"听力"，而是孩子对外界语音刺激进行解码的"听力"。这个阶段的孩子要学会区分外界的声音和说话的声音，并且要学会区分来自不同的人的声音。比如，能区分哪个声音来自妈妈，哪个声音来自爸爸。另外，还要掌握一些特殊的语音所包含的意义，比如尖叫和高喊，虽然听不懂内容，但也能听出"大事不好了"。

2. 培养孩子的情绪感知能力

语言启蒙不仅仅是通过词语和句子表达意思，情绪和情感也能表达很多含义。给孩子做语言启蒙，不仅仅要学那些具体词汇，更要让孩子多听听语言中包含的情绪和情感。比如，给孩子读绘本的时候，你语气平淡地说"大灰狼"，没见过大灰狼的孩子根本就不可能理解大灰狼有多么可怕，也没办法理解"东郭先生和狼""小红帽"里那种害怕和紧张的情绪。所以，从语言学习的开始，你就应该让孩子把语言表达和情绪感知结合起来。哪怕是给孩子讲的小故事，纵然全书只有五六句话，你也可以多投入点感情，多加点语气。

3. 培养孩子的表情模仿能力

这个阶段的孩子已经可以用表情和充满情绪的咿呀学语声，来表达自己，那么这些表情他是怎么掌握的呢？他又是怎么知道该在什么场合下使用的呢？其实，孩子的很多表情和表达方式，都是在模仿家里的大人。在跟孩子说话的同时，你的很多表情和动作都会成为孩子模仿的对象。有研究显示，孩子通过观察外界就能完成一定程度的学习，模仿是伴随孩子一生的重要学习能力。孩子很小时就已经获得了对人脸的识别能力，以及对人脸上的表情信息的捕捉能力。

4. 培养孩子的交互能力

说话，其实是人与人之间的交流。虽然这个年龄段的孩子主动交流的方式很有限，除了哭，就是笑，但你跟他主动交流的时候，可以有意识地培养他的交互能力，训练他理解简单指令，并且做出一些简单反馈的能力。即使孩子一开始听不懂你说的话，也不知道该怎么给你反馈，你也要清醒地认识到：这种能力是需要培养的，只要你跟孩子之间保持这种交流，就可以培养他的交互能力。

5. 培养孩子的认知能力

孩子在这个阶段，一般都知道这个东西跟那个东西不一样：这个是"球球"，那个是"书"，但暂时还没法很好地区分它们的功能。不管是球还是书，到了他手上，都想"舔一舔""咬一咬"。因此，这个阶段孩子语言发展一个很重要的任务就是要教他们学会在大的品类上区分不同的物品。比如你可以通过"摸摸书"让孩子感知到这个软，那个硬；这个毛茸茸，那个滑溜溜；这个亮闪闪，那个黑乎乎。虽然孩子在这个阶段还不能很好地理解不同物品的功能，但我们还是要多跟他说，让他尽量分辨不同的物体属性和特质，打好基础。通过对话、阅读和游戏的方式促进孩子这些能力的发展，而这些能力的发展也会让孩子越说越好。

第 2 章

孩子语言发展的真相

为什么有的孩子说话晚

所谓"贵人语迟",是说说话晚的孩子会更聪明。但事实上,这种说法不但毫无根据,还可能耽误孩子的成长。我知道有人会举出一些实例:"丘吉尔说话就晚!人家还能当首相呢!"但是,这就足以证明孩子说话晚没事吗?我们先来了解一下,到底孩子学说话是一个怎样的过程。

语言学习的从 0 到 1

对大部分孩子来说,12 个月大小、蹒跚学步的时候,会说出第一个词,不管是先说话,还是先走路,都正常;在 12～18 个月期间,孩子的词汇量会以每个月 10 个左右的增速缓慢发展;当孩子词汇量累计达到 50 个左右时,就会突然进入词汇迸发期,词汇量的增长达到每天学会一个新词的惊人速度。这个迸发期一般在孩子 18～21 个月期间。在 20 个月前后,孩子所掌握的词汇一般会高达 155 个左右。那些词汇量低于 50 个,但其他方面都发育正常的孩子,我们一般会称他们为"迟语者"。

额外值得一提的是,孩子开始说话的时间其实可能比你想象的更早,我们要注意孩子的"指向性词汇"。判断孩子是否"迟语",我们首先要知道孩子会不会说。家长们可能觉得可笑,孩子会不会说话我们还能不知道?当我们让家长回忆孩子说的第一个词时,家长往往说的是"爸爸""妈妈"等这种标准的词汇。但其实孩子说话可能比这更早,在掌握这些词汇之前,孩子会有一些独特的、指向性的发音信号,这些就是开口说话的雏形了。

我们对我们家孩子第一次说指向性词印象深刻。他刚满 9 个月,我们带他回正值酷暑的广东姥姥家。孩子穿着背心和短裤,扶着茶几赤脚站着。坐在旁边的姥姥让他用吸管喝了一口加多宝，然后立刻把饮料瓶拿开。刚尝试了新味道的孩子，仿佛打开了新世界的大门，刚想一鼓作气喝个痛快，突然发现那个有着神奇味道的饮料瓶不翼而飞了，瞪着眼睛四处寻找，看到姥姥手里离他远远的饮料瓶后，好像意识到了什么，立刻涨红了脸，一边伸手要去抓饮料瓶，一边眼泪鼻涕横流地哭喊着："mum mum mum mum……"孩子口中的"mum"指的就是食物。因为苏静和姥姥每次给孩子喂辅食前，都会对他说："宝宝，咱们吃 mum mum 啦。"我们家孩子说的第一个词，不是"妈妈"，也不是"爸爸"，而是指代食物的"mum mum"。

值得警惕的"说话晚"

与早语者相对的，就是迟语者。

针对迟语，我们建议你带着这样的原则去对待：说话晚不一定有问题，但绝对值得警惕。

对于"惜字如金"的孩子，家长们的态度大不相同。我家小区花园里经常有一些家长带着孩子玩耍，基本上是同一个年龄段的孩子组团玩。我们家孩子的小朋友团里有一个比他小 3 个月的小姑娘，长得清清秀秀的，非常可爱。虽说是一个团的，但是在小朋友们围着大树疯跑嬉戏的时候，她总是安安静静地蹲在大树下看蚂蚁搬家。有时候，小姑娘的姥姥会和我们抱怨，说他们家孩子什么都能听懂，教她什么都能很快学会，但就是不爱说话。别看她已经两岁半了，但只会叫"爸爸""妈妈"和"姥姥"。问她问题，只回答"不"或"好"。没等我们回应，孩子姥姥又立刻自我安慰道："孩子爸爸小时候也这样，说话晚，别人家孩子古诗词都背得很顺溜了，孩子爸爸才开始学会叫妈妈。一直到 3 岁半，才开窍了似的，突然就整句整段说话了。"所以小姑娘这样，家人也不着急，想着这是有遗传，孩子好着呢，且等着看。但有的家长面对孩子不张口的情况就很焦虑，知道我们做儿童心理相关的工作，就跟我们说孩子能听懂却不开口说，会不会是高功能自闭症或是言语障碍呢？是否需要带孩子去医院看看或参加特殊儿童训练班？

这个问题需要从两方面来看。一方面，"贵人语迟"这个词流传广泛，其实间接告诉我们，很多迟语者并不是真正存在智力或语言等方面的障碍。甚至有研究证实，12个月甚至是18个月大还没有开口说过一句话的宝宝，70%都是正常的。不说话或者说话晚，可能只是个人差异。但另一方面，当你发现同龄的孩子都开始说话了，自家孩子却金口难开时，不要大意，提高警惕，因为30%的概率也照样是我们无法承受的风险。

话说回来，对孩子说话晚抱着"走着瞧"态度的家长，倒也不是盲目乐观。研究证实，大部分迟语的孩子，语言接受能力在3~4岁会达到正常水平，表达性词汇的发展也会增长到正常范围。所以，即使孩子说话晚，我们也要对他有信心。但也千万不能疏忽大意、撒手不管，因为迟语孩子获得大于50个词汇的时间早晚，对他们能否顺利冲破迟语，达到平均水平，有重大影响。换句话说，一个30个月大、词汇量才达到50个的孩子，面临长期语言发展迟滞的风险要远远高于一个24个月大、词汇量就达到50个的孩子。

除此之外，迟语孩子的性别也是需要特别关注的因素。无论是研究显示还是我们现实生活中得出的经验，同年龄段的女宝宝的语言发展往往要好于男宝宝；男宝宝出现迟语的概率要远远大于女宝宝。语言习得受多种因素共同影响。在相同的影响下，女宝宝有更强健的语言发展能力，更不容易受到干扰，但一旦受到干扰，也更难消除。也就是说，男宝宝在语言发展中，一个 5 等级强度的因素对他的语言发展会造成 5 等级的影响，随着年龄的增长或环境的变化，这个因素对他的影响会逐渐减弱，男宝宝的语言恢复也会比较轻松简单；而在女宝宝的语言发展过程中，因为拥有更强健的语言发展能力，如果想对她造成同样 5 等级的影响，可能需要一个 8 等级强度的因素进行干扰。相应地，若要消除这个因素，相对来说也会比男宝宝更困难。因此，当你发现女宝宝出现迟语症状时，也许她面临的风险要大得多。

相比"走着瞧"的乐观家长，有的家长更焦虑，着急求医也无可厚非。因为 30% 的迟语者是需要进一步干预甚至治疗的。语言发展迟滞，确实有可能是自闭症谱系障碍、听觉障碍、言语障碍、语言障碍、智力障碍、发展障碍等其他疾病的症状表现。在样本里 30% 的概率，倘若落到具体个人身上，那就是他自己的 100%。

不得不说，即使是单纯的迟语，也会对孩子造成其他方面的影响。研究发现，迟语孩子即使 4～5 岁后语言发展正常了，他的口语发音、语言表达能力、阅读能力和学业能力仍然比语言发展正常的孩子弱。而且迟语孩子更容易出现哭闹、打人、扔东西、难以安抚、喜怒无常、入睡困难等消极行为，以及害羞和恐惧等消极情绪。

因此，当孩子 12 个月还没说出第一个词时，家长耐心等待的同时，也需要时刻关注其他方面的发展。同时为孩子提供说话的场景和机会，给他适当的言语刺激；如果孩子 20 个月仍金口难开，就需要严肃对待、多方考量了。有条件的家庭可以带孩子到相关的机构筛查，及时给孩子正确的言语刺激和干预。你还可以通过本书提供的语言发展自检表，快速界定自己的孩子有没有迟语的风险。

应对迟语，父母该如何干预

当孩子不愿说话、不爱说话、不会说话时，很多家长最常用的招数是"逼着孩子说话"，孩子说不出"要喝水"，就拖着不给孩子喝水，这其实是非常不可取的。在这种情况下，孩子会把说话这件事与非常痛苦的体验关联起来，同时也会认为，自己的语言表达和父母给自己的关怀呵护中有一种非常让人不舒服的联结。久而久之，最有可能发生的，反而是孩子越来越不愿意说，越来越说不好。

孩子不说话或者说得不好，作为家长往往需要第一时间去反思，是不是自己给孩子的"输入不足"，例如父母忙于自己的事或者沉默寡言，没有给予孩子足够的关注，与孩子缺乏交流，导致孩子的语言刺激不足，从而没有形成"说话"的认知。很多家长都容易忽略的另一个原因，是因输入不当而造成的不肯说。

（1）有的家长对孩子的要求过严，经常限制孩子的行为，或者错误地纠正孩子的语言，在孩子还没来得及表达自己的想法时就马上制止、拒绝和否定。由父母提出的否定与阻止单一而果决，就容易造成输入不当。

（2）有的家长则酷爱扮演孩子肚子里的蛔虫，只要孩子眼皮一抬，嘴巴一抿，根本不需要开口，家长就理解并满足了孩子的需求，这种情况属于"过度满足型输入不当"。

（3）还有一种"强人所难型输入不当"，也就是因为孩子不怎么爱说话，家长容易产生焦虑和担忧的情绪，迫切想让孩子开口，会不知不觉地采用命令的口吻强迫孩子"快说啊""好好说话""再说一遍"之类的话语。

（4）最后还有一种"不知所云型输入不当"，也就是家长没有采用恰当的语言与孩子对话，句子过长、不完整、过于复杂，让孩子无法真正理解他想表达的内容。

如果需要干预，父母需要做哪些工作呢？

1. 达成硬指标：每小时跟孩子讲 2100 个词

父母跟孩子说话，"越多越好"。哪怕孩子刚出生，也能提升孩子的语言能力，并加快语言水平提高的速度，最佳指标是：每小时 2100 个词。虽然听上去很多，但实际上这是个很正常的数值。一个普通人每天平均要听到或者看到超过 10 万个词，所以在跟孩子相处的有限时间里，这个数值并非遥不可及。

这个数值是怎么来的呢？它是美国高收入家庭的孩子每小时听到的平均词汇量（2153 个）。这个研究来自芝加哥大学妇科与儿科教授达娜·萨斯金德（Dana Suskind），她也是"3000 万词汇倡议"的发起者，她的主要工作就是敦促广大父母多跟孩子说话，以此提升孩子的脑功能水平与认知能力。她的研究发现，高收入家庭的孩子比低收入家庭的孩子平均每小时听到的词汇（616 个）多得多，也因此变得更加聪明与优秀。所以，我们为大家在这里提供一个需要多加努力才能达到的基本标准：每小时 2100 个词。

2. 提升孩子的精细化运动水平

你没看错，我们的确严肃地建议这么做。芝加哥大学心理语言学专家大卫·麦克奈尔（David McNeil）认为，手势表达与语言表达有着相辅相成、互相促进的关系。因为大脑损伤而导致手脚不能活动的人，他们的语言沟通能力也会加速衰退。在婴儿身上的研究也证明了：在手指精细运动控制能力提高之前，孩子们无法掌握复杂的词汇。虽然在这一领域还需要更多的研究进一步探索其具体的作用机制，但是已经有大量的实证研究证明了这一点：肢体运动水平与语言发展水平呈正相关。所以，为了提升孩子的语言发展水平，你不妨给他买一套质量好一点的拼插积木。

3. 理性使用故事机、动画片来学习语言

对于 2 岁之前的孩子，观看动画片、使用早教机在语言习得上弊大于利。当孩子 1 岁到 1 岁半这个年龄段时，他们的学习渠道是现实生活中的、与家人之间的互动。研究显示，想要让这个年龄段的孩子记住动画片里的相关内容，需要反复播放多次，并且观看动画片对他们的认知提升毫无帮助。与此同时，大量观看动画片也缩短了孩子的玩耍时间以及与家人的互动时间，严重影响了他们词汇的掌握和言语的发展。但如果有成人陪伴孩子使用这些电子产品，那么孩子在语音意识、词汇学习和故事理解上的成绩就会优于独自使用电子产品或者没有使用电子产品进行日常阅读的孩子。所以，即使动画片起作用，也不是你把孩子甩给电视机就可以了，你需要陪着他，甚至还要当解说员。本书的第 3 章将会介绍更多的相关知识。

除此之外，我们还非常建议你多多采用本书第 4 章中我们设计的"语言游戏"来和孩子互动，相信对于推动孩子的语言发展同样会有帮助。

专 | 题 | 答 | 疑

Q：我的孩子具体处在语言发展对照表（见书前拉页）的哪个阶段？能详细讲讲怎么用书中的对照表判断孩子的情况吗？

A：你可以从我们在本书中提供的对照表里去寻找你孩子对应月龄的那一栏。比如说孩子现在14个月，你就可以对应到单字词阶段（12～18个月），这个阶段孩子的语言能力中，"理解发音"应该有怎样的标准。然后，你就可以根据我们提供的标准评估孩子现在有没有达到这样的水平。如果他符合标准，那说明孩子的发展是非常正常的；如果他有超前发展，也非常不错，恭喜你；但如果他稍有滞后，你就需要往前看看，他是不是在9～12个月这个区间内。孩子的表现是不是跟对应月龄里的表述是匹配的，以此来评估自己的孩子现在是否正处于当前月龄比较良好的语言发展水平范围，如果不是的话，看他处于哪个年龄段的发展范围，以此来评估自己孩子的发展阶段。

Q：什么是高功能自闭症？如果我的孩子有这方面的问题，作为家长，我可以做什么？

A：自闭症是一种谱系障碍，同是患自闭症的孩子，高功能和低功能的表现差异性会很大，高功能通常是社交功能比较完善，语言发展能力更强。既然叫作自闭症，那它就是一种疾病，所以我们首先建议你先去找专门的医院确诊。至于干预的方法，目前一些心理咨询技术，在对高功能自闭症人群的干预过程中的有效性还在检验阶段，但如果你相信这些技术，不妨作为一种训练的补充形式来加以尝试。

咿呀学语期，该怎么教孩子说话

妈妈们总有这么一种在爸爸们看来特别神奇的技能：在宝宝和爸爸之间，情绪状态的转换可以瞬间完成。前一秒她们还在大声指挥爸爸干这干那，仿佛以前生产队里的女干部，扭过头来就能和颜悦色地以高亢的音调跟孩子说话："哎呀，宝宝，爸爸真的是很不乖呢！你说是不是呀？"在每个爸爸心里，妈妈都俨然一个十足的演技派，可以熟练地在各种脸谱中跳跃自如。

"宝宝语"的赋能效果

不得不说，母爱真的是女性自带的一种天性，而这种天性让她们能够跟孩子"同频"交流。即便我们有时候无法从某些女性身上感受到这种天性，但也许只是因为她们还没有碰到触发母爱的导火线而已。

生孩子以前，苏静就招小朋友喜爱。或许是因为她长了张娃娃脸，或许是因为她说一口娃娃音，无论是熟悉的还是不熟悉的孩子，只要碰见她，都特别喜欢和她亲近。我们还没孩子时，每当孩子们走近她时，她总是显得手足无措，不知道该对孩子们做些什么或说些什么，因此，往往都会陷入大眼瞪小眼的尴尬境地。可在我们家孩子出生之后，虽说苏静尚未完全练就在孩子堆里游刃有余的能力，但至少对着自己孩子能侃侃而谈，对着别人家孩子也能温声细语、用充满童真童趣的"宝宝语"交流。

所谓"宝宝语"，就是一种具有语速慢、语调高、语调变化大等特点的婴儿指向的语言。自从我们家孩子出生，苏静仿佛自我点亮了说"宝宝语"的技能，在孩子身上运用得炉火纯青。每当叶壮下班回家，刚踏入家门,正在和孩子和颜悦色说话的苏静就会抬起头,面无表情地指挥道:"快点去厨房把碗洗了,我赶着做晚饭呢!"紧接着就低下头,用充满激情和欢乐的语调对孩子说:"哎呀,宝宝看到爸爸回来了吗?等爸爸把碗洗干净,妈妈就给宝宝做饭饭,好不好呀?"这就是宝宝语在我们家最典型的使用场景。

我们为什么要这么跟孩子说话,这么说话对孩子是利大于弊还是弊大于利呢?想让孩子早点"说",我们首先要让他们对"说"感兴趣。而在这一点上,说宝宝语能帮上忙。

毋庸置疑,很多妈妈都会采用的"宝宝语",总是能吸引孩子的注意。每当妈妈们声情并茂地开口说话,孩子的目光总会追随着她的表情,发出"咿咿呀呀"的声音并手舞足蹈。研究发现,大部分妈妈都会有意识或无意识地采用"宝宝语"与婴儿沟通,例如"吃饭饭""洗白白""擦香香""玩车车""丢球球"等叠音词,并且配合着高音调、慢语速、长尾音等富含音韵的语气和夸张的表情。"宝宝语"很大程度上突出了语音间的区别性特征,为婴儿的语音感知提供了帮助,能够很好地引发婴儿对语言的兴趣,而且也切合他们在咿呀学语阶段的学习方式。不过,宝宝语可并非这么简单。实际上,它不仅仅包括语言的意义,还有声调、表情等附加物,更匹配 10 个月大的孩子"联想派"的身份。

2018 年,来自爱丁堡大学的一项研究就发现,使用叠词的宝宝语,有利于儿童发展语言能力,尤其是他们的词汇储备。在孩子 10 个月大的时候,当成人与之对话时,其实孩子并不会注意到话语中的社会性线索,而是直接依靠感知信息,例如音调、语气来理解成人话语代表的含义,他们更常做的是将他们觉得最有趣的物体与新词汇匹配。等他们 12 个月大时,才会开始注意成人话语中的社会性线索,但仍然无法从中掌握相关的词汇。直到 18～24 个月期间，孩子才能学会从成人话语中的社会性线索来学习和掌握相关的词汇，从感知信息中提炼词汇标签，并与相应的物体匹配。换句话说，如果想让一个不到 1 岁的孩子学习语言，吸引他注意和兴趣的同时，还要明确地把相关的词汇与物体、事件对应匹配。

例如，想让孩子了解什么叫"碗"，就需要拿出一个五彩缤纷的"碗"来向孩子展示，这样有助于他快速地将"碗"这个概念与真实的碗联系起来。如果想让孩子了解什么叫"吃饭"，在充满激情地说"吃饭饭"的同时，还需要敲敲盛满辅食的碗，示范一下用勺子把辅食放进嘴里的动作，明确地告诉孩子，这个过程叫作"吃饭饭"。

除此之外，对于婴儿来说，接触多种语言风格也是很有必要的。不得不说，对于很多爸爸而言，他们实在不擅长说"宝宝语"，也不习惯用充满童趣的方式帮助孩子匹配词汇和物体，他们更多的是采用"成人语"与孩子交流。所谓"成人语"，顾名思义，就是成人常用来沟通的方式，语气较为平稳、音调比较单一的语言。如果你仔细观察一些家庭里爸爸与孩子的交流场景，往往会让人忍俊不禁。

我家大儿子刚出生的时候，胖胖的爸爸面对面地抱着几个月大的宝宝，用平淡无奇的语气对孩子说："哥们儿，你今天早上吃啥了，怎么拉这么多泡屎？你这拉一泡换一片纸尿裤，顶你老爸一份煎饼钱，你省着点拉，我就能多吃一份煎饼……"孩子瞪着一双清澈的大眼睛，似懂非懂地、呆呆地看着爸爸，一反面对妈妈时那兴奋到手舞足蹈的状态，也不知道到底听进去了多少、听懂了多少。

——苏静

不过不用担心，即便是爸爸这毫无新意的话语，看似没法让孩子快速地学习新词汇，却能让他在这一过程中，渐渐地掌握语法，从而构建完整的语言知识系统。所以，当孩子开始咿咿呀呀学说话时，"宝宝语"是个值得尝试的切入点。

使用"宝宝语"的注意事项

说宝宝语虽然好处多，但是家长也不要随便说。在跟孩子说"宝宝语"时，家长一定要注意以下几点。

1. 咬字要清晰准确

就算是说"宝宝语"，咬字清晰、发音标准也应该是硬性前提，错误的发音只会做出错误的表率。"玩车车"是可以帮孩子认知语言的，但"玩cece"会让孩子掌握错误的拼读方式，而且也不利于日后对"车"这个字的深入学习。开头如果没开好，以后修正起来，就会比较麻烦。

2. 宝宝语的构成要以具体的名词、动词和形容词为主，不要涉及太多副词和抽象词汇

并不是所有的词汇都适合用"宝宝语"说，一些动词和名词的组合是比较常见的组合。因为这两种词更加具体，指代的东西也比较好理解。洗白白、擦香香、宝宝笑等，这些都是动词与名词的组合。同时，具象形容词也比较便于孩子建立语言和相应感受的连接，比如香香的、甜甜的。孩子年龄太小，还不能理解"使命""灿烂""这个比那个大"等复杂的词汇与句式，我们在使用宝宝语时，需要充分考虑到这种沟通方式的语言难度。

3. 孩子说错的地方，应该及时纠正

孩子有时候也会组合出一些新的表达方式，用"宝宝语"跟我们交流。孩子造出来的词虽然挺萌的，但的的确确是说错了。语言的错误用法依然需要被温和地纠正。我们家孩子有一次指着船喊"水车车"，其实想想也对，能在"水"里前进的"车"可不就是"水车车"嘛。但"水车"可就是另外一种东西了，我就告诉他那个在水上的东西叫作"大轮船"，还引导他自己重复了几遍。家长要温和地告诉孩子真正的说法是什么，然后再引导他进行复述。注意，方式一定要温和，这样才能更快更好地帮助孩子学习语言。

掌握以上三点，就可以多尝试用宝宝语跟孩子交流啦！如果你还是不知道怎么说，也可以看看下面的清单，我们列出了一些日常用的宝宝语供你参考。

宝宝语示范清单

日常： 睡觉觉 吃饭饭 喝水水 洗白白 拉臭臭 擦香香 刷牙牙 甜甜的

游戏： 玩车车 宝宝笑 看花花 抱娃娃 小小树 举高高 疼疼的 笑眯眯

专 | 题 | 答 | 疑

Q： 我家孩子早教班的老师不建议说宝宝语，说宝宝语有什么科学依据吗？我该听谁的？

A： 我们不清楚早教班老师不建议说宝宝语有什么样的科学依据，但是我们非常乐意分享我们知道的科学依据，你可以参考后面

我们所列的参考文献。关于这个问题，我们主要参考的资源包括著名脑科学专家约翰·梅迪纳（John Medina）的著作《让孩子的大脑自由》（*Brain Rules for Baby*），以及罗伯特·费尔德曼（Robert Feldman）的《发展心理学：人的毕生发展（原书第6版）》（*Development Across the Life Span*, 6th Edition），以及文献《Is infant-directed speech prosody a result of the vocal expression of emotion?》《为什么"嘟嘟"比"火车"好：特定词汇在孩子早期词汇增长中的作用》（Why Choo-Choo Is Better Than Train: The Role of Register-Specific Words in Early Vocabulary Growth）。

三种方法，提高孩子的语言表达能力

2017年5月，我们家大儿子刚好满两岁半，我们一家三口坐飞机去广东参加他舅舅的婚礼。刚落地深圳机场，就得知我一位做互联网教育的朋友碰巧要从深圳到广州参加一个重要会议，于是我们就合租了一辆车，四个人同行，一起赶往目的地。

我们家孩子一路上对什么都好奇，拉着妈妈，兴致高昂地问东问西。眼看着路程过半，一路上坐在副驾驶心不在焉地和我说话的朋友终于忍不住了，他扭过头跟我们倒苦水。他家孩子三岁了，说话还是磕磕巴巴的，目前也只会表达"要吃饭""要车车"这些非常简单的短句，本来他觉得没什么，但是这一路上听了我们家孩子说的话，发现差距怎么这么大呢，就问我们该怎么提高孩子的语言表达能力。

我们言简意赅地给他总结了三个和孩子说话的要点：第一，play talk；第二，积极回应；第三，扩充性重述。

在玩耍中学习语言

所谓 play talk，就是让孩子在玩耍中学习语言。每个孩子都是天生的好奇宝宝，他们对丰富多彩的世界充满了探索的欲望，而玩耍正是他们探索世界的最佳方式。

现如今，我们随便打开一个电商平台，在搜索栏中敲"0～3岁宝宝早教启蒙"这些关键字，销量第一的往往是一些撕不烂、让宝宝看图识物的早教图卡。这些图卡可谓是每个家庭的必需品，基本上每家都能看到它们的踪影。对于想给孩子更好启蒙的家长，每天也是尽心尽力、苦口婆心地教孩子认识卡片和学习发音，甚至有的家长还会给自己和孩子制定每天的学习目标和计划，力求让孩子在最短的时间里学会多少个词汇。

这种填鸭式的学习方式也许真的可以让孩子掌握一些词汇，但是往往事倍功半，甚至会因为家长的急功近利而揠苗助长，抹杀孩子探索和学习新事物的兴趣。因为这些所谓的早教卡词汇，大部分与孩子的兴趣或经历没有什么联系，家长用这些词汇来轰炸孩子，无论是从词汇的掌握上还是实际应用上，连接都比较薄弱。不过，我并非完全否定这些图卡的意义。我们家也用过这样的图卡，但我们的用法不大一样。我们不是一张一张地给孩子看，而是直接把那些图卡当墙纸铺满了墙面，还会给孩子讲讲这些图到底表达了什么。

我记得苏静还在坐月子的某天，我下班回家，看到她正拿着一打方形彩图卡往墙上贴。那些彩图卡大部分是色彩鲜艳的抽象图和充满趣味的创意画。她向我解释说，因为孩子小，手不能抬，腿不能走，连玩玩具都费劲，而且孩子喜欢让大人竖立抱着在家里走动，瞪着大眼睛一个劲儿地往天花板和墙面看。

而我们家真的"家徒四壁",只有白墙和简单的家具,太无聊、太单调了,所以要用一些画为孩子装饰出一个色彩缤纷、充满趣味的小世界。

于是,我们就充满干劲地往家里的白墙上贴图,甚至还用打印机打印了很多动画片的宣传海报和世界名画(当然,都是以色彩鲜艳的图案为主)。以后的日子里,我们每天都抱着孩子,像参观绘画展览般,带着他从这边转到那边,看看哪张能引起他的兴趣。每当他目不转睛地盯着某幅画时,我们就会适时地给他介绍画里的内容,告诉他图画里展现的是怎样的一个有趣故事,这样看似是我们成人在自编自导自演,其实却大大地向孩子传递了这样的信息:爸爸在用语言来给宝宝介绍宝宝感兴趣的事情,原来宝宝觉得很奇特的这个东西叫作房子,那个毛茸茸的叫作花猫等,让孩子意识到语言交流和表达的美妙,并引发他表达的欲望。这种模式一直持续了将近6个月,等孩子学会坐和玩玩具后,我们才把那些画撤下来。

——叶壮

以孩子的兴趣作为出发点,把学习当成一种游戏,寓教于乐,游戏也能成为学习的完美切入渠道。例如,在我们家大儿子刚学会自己坐的那段时间,苏静最喜欢和他玩的游戏就是将各种各样的生活用品放在他要努努力才能够着的地方,让他根据自己的兴趣去抓取物件。妈妈会坐在孩子的身边,轻轻地和他说:"哇,宝宝看,好多好玩的东西,你最喜欢哪个呀?把你最喜欢的东西抓过来吧!"当孩子费了九牛二虎之力把想要的那辆玩具小汽车拿到手时,妈妈会用充满惊奇的语气说:"酷,这是一辆小汽车耶,哔哔。"然后一边扶着孩子拿玩具车的手,让小车在地上滑行,一边给孩子介绍道:"宝宝看,小车车可以在地上走来走去、走来走去哟。"这样看似简单的小游戏,却让孩子在互动中,不仅掌握了"东西""小车车""小汽车"这些名词,也掌握了"抓""走"等动词,而且还学会了象声词"哗哗"。

积极的回应带来积极的学习

积极的回应,指的是交流要跟着孩子的节奏走。

一直到孩子三四岁,我们都在坚持用"play talk"作为和孩子交流的重要方式之一,只不过形式已经变得越来越高级了。"play talk"最核心的要点,就是跟随孩子的节奏,及时地给予孩子积极的回应。我们家大儿子3岁半的时候,迷上了过家家,每天晚上都要用积木搭建一些奇形怪状的东西,捧到我们面前说:"爸爸妈妈,你们看,这是我亲手做的巧克力生日蛋糕,你们快吃呀。"妈妈就会低下头对着"蛋糕"深吸一口气,然后说:"闻起来很美味呀,我都忍不住要流口水啦!这个蛋糕是用什么做的呀?"这时,孩子就会兴高采烈地拿出一个小纸盒,给我们介绍说:"我来教你吧,放一些牛奶。"然后,从玩具箱里抓了一个正方体积木丢进小纸盒。"再放一些面粉。"一块眼镜布被作为面粉丢了进去。"放一些巧克力。"几个玻璃弹珠稀里哗啦地倒进了纸盒。"最后放一个鸡蛋。"孩子拿出妈妈用来定时的公鸡计时器,假装磕了一下纸盒边缘,然后丢到了纸盒里。

妈妈这一句"闻起来很美味呀,我都忍不住要流口水啦!这个蛋糕是用什么做的呀?"看似再简单不过的一句话,却饱含深意:及时地回应了孩子,让孩子知道他说的话,妈妈都在认真听,他认为有趣的东西,妈妈也很感兴趣。也教会了孩子可以用"美味"来形容蛋糕,同时向孩子提出了一个开放式问题"这个蛋糕是用什么做的呀",引发了孩子的表达欲望。

扩充性重述:给孩子的语言加点料

最后一个要点就是扩充性重述——父母的语言表达也需要与时俱进。

对于1岁半到3岁半的孩子而言,丰富的词汇是供给大脑的最佳养分,在这期间,父母与孩子的互动式交流,是孩子获得养分的最佳形式。当孩子开始咿呀学语时,"宝宝语"能够很好地切合孩子语言学习的方式,因为刚开始学习说话的孩子采用的是整字句的表达,即用一个字来代表一个句子,例如"抱"是表达"想要妈妈抱抱"。当孩子1岁半后,"宝宝语"就不再适用了,因为这个年龄段的孩子,已经开始步入双字句的阶段,即用两个字来代表一个句子,例如"妈妈抱""要车车"等,而这个阶段正是孩子词汇迸发的高峰期,他们就像一块海绵,大量吸收供他们快速成长的养分。我们会发现,在孩子提升自我、不断进步的时候,很多家长却止步不前,甚至还拖后腿:在孩子2岁之后,还在用"吃饭饭""洗白白""丢球球"这些浅显的叠音词。

从大部分家长与孩子的日常互动中可以知道,家长对孩子的积极回应方式之一,是对孩子话语的重述。因为孩子词汇贫乏、表达不熟练,所以在表达一个意思时,常常说得磕磕巴巴,需要家长从中去理解,然后重述他的真正意思。很多家长都会重述,但是并非所有人都能用好。

苏静给前面提到的那位搞教育的朋友举了一个非常简单的例子,很值得一提。在高速行驶的途中,有一段路能够看见并行的铁轨,当时刚好有一列火车经过,我们家孩子指着火车说:"妈妈,火车。"苏静告诉这位朋友,一般家长都会回应孩子说:"是的,火车!"但是,这是远远不够的,这时我们应该适时地扩充到:"一列火车。"等孩子理解吸收后,再扩充到:"一列火车在轨道上。"紧接着是:"一列火车在轨道上飞驰而过。"就这样,循序渐进地丰富孩子的词汇,教会孩子这些词汇如何应用。

父母是孩子学习语言的过滤器,外界的信息通过父母才能以语言的形式传达给孩子。就算我们为孩子买了各种各样的彩图、卡片、图书,倘若做不到"好好说话",对于孩子的发展,依然也会面对各种制约。正因为如此,要想让孩子学得快,父母的说话套路才一定不能少。

专 | 题 | 答 | 疑

Q:语言学习到底有没有关键期?

A: 在中世纪的欧洲,有些君主对"什么是人类最早的语言"这一问题很感兴趣,便做了一系列残酷的实验:他们把健康的婴儿放到完全没有语言的环境中,想看看婴儿能自发地掌握哪种语言。

腓特烈二世把一些新生儿交给聋哑人抚养,以观察这些孩子长大后的反应,结果这些孩子非但没有学会语言,甚至在成年后,也没法再重新习得语言了。苏格兰国王詹姆斯四世也用两个婴儿做过类似的实验,结果这两个孩子学会了彼此用手势交流,却再也无法掌握语言。

君王们一点无聊的好奇心,变成了这些孩子永远的痛。但这还无法帮我们很好地定位,语言学习的关键期到底是什么时候。语言学家罗伯特·格申(Robert Dekeyser)曾专门统合了一系列这方面的研究,并在 2012 年将其发表:30 个左右的研究证实,年龄对语音习得有影响;25个以上的研究证实年龄对句法和语义习得有影响,还有5个左右的研究证实年龄对词汇习得有影响。

总的来说,年龄的确会影响语言的习得,而在语音层面的影响,是最得到认同的。但这种影响并没有一个绝对的年龄段作为"闸门",仿佛过了这个村就没这个店一样。作为家长,与其纠结什么年龄段是所谓"黄金期",倒不如好好想想格申提出的另外一条结论:

"从什么时候开始学、怎么开始学,以及用什么方式学,都同样重要。"

学外语的原则

学外语,不一定越早越好

很多家长认为学外语越早越好,但很多时候,这种观念是错的。

2007年,我和我当时的老师接触了一个比较特殊的心理障碍案例。

一个3岁半的孩子,突发失语。前一天还能说话,第二天就在幼儿园不张嘴了。我和老师做了针对家长和孩子的访谈咨询,最终把问题锁定在了这个家庭错误的语言学习观念上。由于父母听信了"孩子生下来就处于语言关键期,学外语教多少就能学多少,错过语言发展关键期后果很严重"这种谣言。在孩子学语言的过程中,同时教孩子包括汉语在内的4种语言,导致孩子对于每种语言的掌握水平都达不到基本生活的需要。

> 孩子上了幼儿园之后，语言能力极大影响了他和老师以及其他小朋友的社交关系。他说得越多，小朋友们就躲得越远。但是孩子也有社交需求，社交受挫后，孩子直接不开口了。家长们一开始以为是喉咙或舌头出了问题，医院排查之后，才来找我们。而我们提供的建议也很直接：贪多嚼不烂，先把孩子的汉语教好，然后再学其他语言。孩子家长痛定思痛，家里谁也不说外语了，都老老实实说汉语。给孩子换了个幼儿园，情况很快就好转了。
>
> ——叶壮

学外语这件事，父母如果想弄明白，最好彻底弄明白，一知半解反而害了孩子。

首先父母需要先了解，孩子应该什么时候开始学外语。

很多教育者和家长认为，想让孩子学会一门外语，要牢牢把握好孩子的语言发展关键期。这种说法其实不完全对。心理学家和语言学家都指出，从孩子出生到青春期前这段时间，是儿童习得语言的重要时期，其中1～5岁尤为关键。孩子的大脑就像海绵一样，会吸收他们听到、学到的一切。但是同时，年龄太小的孩子无论是生理上还是心理上的发展都是不全面、不成熟的，他们还没有完全获得某些认知技能，例如抽象、归纳、推断和分类的能力，而这些都是帮助他们学习第二语言的重要能力。

哈佛大学教授凯瑟琳·斯诺（Catherine Snow）的研究发现，处于12～15岁这个年龄段的孩子比低龄儿童能更快速、更有效地学习外语，恰恰是因为他们掌握了更高效的语言学习技能。所以，众多的研究者认为，过早让孩子学习外语，并没有什么好处，反而会有潜在的风险。最大的风险之一就是：捡了芝麻丢了西瓜。外语学得不怎么样，与此同时母语还越来越差了。

对于大多数中国孩子来说，中文学好了，英语更容易学好。眉毛胡子一把抓，最后可能都学不好。有的家长看到这里可能要松一口气了，既然这样，那就别让孩子学外语了。这就走向了另外一个极端，也不可取。

外语的学习，不仅与语言有关

外语肯定还是要学。学外语不仅能开发孩子的智力，而且能增强认知抑制能力。什么是认知抑制能力？在这个信息爆炸的时代，我们每天都要面对各种各样来自四面八方的信息轰炸。而抑制无关信息，把注意力集中在当前的目标任务上，是每个人都需要具备的能力，这就是所谓的认知抑制能力。

研究证明，长期的语言控制经验可以增强双语者的认知抑制能力，双语者能够利用语言区域处理非语言信息的冲突。一个孩子如果能熟练掌握一门外语，不仅有助于往后的学习、社交和工作，众多研究证实，熟练掌握两门语言的孩子在认知灵活性、创造性、元语言意识、概念形成、空间智能、类比能力、分类技能、个体独立性等方面都超过了只掌握一门语言的孩子。所以，学外语还是能让孩子拥有很多优势的。但以上这些优势却并非学了外语就能有，为什么呢？

想要让孩子拥有学外语的优势，一个重要的前提是，孩子既熟练掌握中文，又熟练掌握外语。如果孩子无法做到平衡双语，就是说孩子的外语水平与母语水平都达到了与年龄相适应的水平，那么学外语所带来的优势就会非常有限。更有甚者，因为过于强调外语学习，导致孩子在母语水平上落后于其他小朋友，而外语水平也没有达到日常交流的水平。那么，学习双语所带来的诸如舌尖现象、流畅性缺陷、语言交流节奏感差等负面影响就会凸显出来，从而出现我在本节开头所说的案例中的情况。不过，有种孩子属于例外，可以早学中文。那些中文和外语能够达到相同语言浓度家庭的孩子，比如中国香港人、新加坡人、马来西亚人，他们日常生活环境中就涉及多种语言的使用，且几种语言的语言浓度差不多，自然比较适合从小就开始学习多语。这种学习是水到渠成的。

就像本书开头所讲到的，孩子对语言的学习，在胎儿期就已经开始了。在孩子出生后，无论是家人与孩子之间的互动、父母的日常交谈、电视播放的音频视频、大街小巷的喧哗等，都让孩子包裹于无处不在的语言环境中。生活中常见的多种语言，会造成高强度、高频率的满灌刺激，孩子耳濡目染，学习起来自然不费吹灰之力。因此，有研究者曾提出，不管是哪里的孩子，他都具备学会任何一种足够浓度的语言的能力，不受智力发展的限制，也不需要经过专门的教育和训练。只要让他们待在刺激比较强的语言环境下，他们就能在短短的几年里，基本上掌握那些繁杂的规则，学会那种环境里的语言，而且能够创造性地使用该语言进行交流。如果你能为孩子提供类似的环境，那么就可以尽早开始学外语。但对于大部分中国家庭来说，没有平衡的多语言浓度环境，孩子究竟该何时开始学外语呢？

比如，在我们家，中文使用就占有绝对优势。在孩子5岁之前，如果非要专门教孩子一些单词，实在是过于刻意了，而且也不够系统。我们可以在孩子小的时候让他接触外语，培养对外语的兴趣，但对于外语真正系统化的学习，还是应该交给学校。上了幼小衔接班或小学一年级，有体系、有章法、有纪律地学习，那才是真正适合大部分中国孩子的英语学习。在这之前，对英语的接触，不管是看动画片，还是看绘本，有兴趣诚然好，没兴趣也不强求，能记住就记住，不喜欢也没关系。

母语为先的基本原则

家长们一定要记住，孩子能够流利使用母语交流，是非常基础而关键的。0～6岁期间，对孩子而言，学习他们的第一语言和文化认同至关重要。保持和加强母语的学习，是有助于儿童学习外语的，因为儿童第一语言的阅读和写作能力是影响第二语言习得的重要因素。

学者卡明斯（Cummins）于1979年提出了"语言相互依赖假说"，即我们从母语学习中所习得的认知和读写技能，能够成为一种潜在的、共享的能力。当我们学习外语时，这种能力能自然而然地迁移过来，学会运用类似的方式去学习。这也是为什么我们在读书期间会发现，英语学得好的同学语文一般差不到哪里去。反之，如果母语没学好，也会影响外语的学习。因为在学习第二语言时，孩子必须了解和区分两种语言的基本结构和模式，这样才能区分和掌握每种语言的语音、语法。在运用某种语言时，能有效地抑制另一种语言的干扰，这需要学习者具备足够的灵活性和适应性。所以，接触不到平衡双语浓度环境的孩子，建议从学龄以后再开始系统学习外语。

简单总结就是：学外语并不是越早越好。年幼的孩子学语言的优势主要在学习母语方面。孩子理解力不足，学习外语反而效率不高，甚至可能会导致舌尖现象、词汇打架等表达不流畅等问题的出现。只有在生活中能够接触平衡浓度双语的孩子，才适合早学外语。对于无法接触平衡浓度双语的孩子，建议家长在孩子学龄前培养他对外语的兴趣，学龄后再让他系统学习。

那么，怎样培养这种所谓的"兴趣"呢？

早晚有一天，你的孩子会学会"blue"这个词，同时，他也不太可能拿着红苹果一直喊"blue"。但是相对于孩子掌握单词、短语、句子，家长们往往会忽视孩子学习英语的态度。孩子如果从现在就开始讨厌学英语，那么恐怕要费很大的劲才能扭转过来。我们建议家长们，没上学的孩子学英语要遵循一个大原则：在组织内跟从学习，在家庭里随意接触。

> 我还记得，我小学四年级的时候学单词，写错一个词，我妈就会拿筷子敲我指关节一下。可这并没有让我的英语成绩好起来，甚至我还跟我妈顶嘴说："我一个中国人为啥要学英语？"
> 　　后来，我喜欢听"Backstreet Boys"的歌，发现自己看不懂歌词，这让我突然开始努力学起了英语，谁都拦不住。对于兴趣的重要性，相信家长们都了解。
>
> ——叶壮

现在的幼儿园一般都开设外语课，我们建议你为孩子找到这样一个组织，不管是亲子园，还是幼儿园，教孩子多少英语单词不重要，最重要的是它能否保护孩子学英语的兴趣。在这样的组织里，作为家长，自然可以放心地让孩子跟从学习。除了在组织内跟从学习外，孩子在家里随意接触英语就好，千万别刻意。比如我们日常生活里有很多东西都和英语相关：有英文旁白的纪录片，一些英语绘本，出国旅行时的所见所闻，我回看的NBA赛事精选，随便摊在桌子上的没看完的英文文献，逛博物馆时中文介绍下面的英文介绍，等等。这能让孩子建立一个认识：

英语就是生活中常见的一个普通元素，我有一天也能学会。很多家庭让孩子接触英语的方式太刻意了，以至于孩子自己无法理解这种刻意的接触，于是接触就很容易变成抵触。

学英语时的注意事项

下面我们讲讲孩子在家随意接触英语的方法和需要注意的问题。

1. 不要拿汉语当中介

有一首儿歌很流行："苹果苹果 apple，apple apple apple；梨子梨子 pear，pear pear pear。"这种儿歌看似在教孩子学词汇，实际上都在使用汉语当中介，让孩子掌握了一些可以拿来秀的单词，除此之外，远远没有家长们认为的那么有用。真正对孩子有用的方法，其实更类似于海伦·凯勒当年跟安妮·沙利文老师学"water"这个词的过程。一开始，海伦·凯勒分不清"cup"和"water"，直到老师带她去水井旁边感受了水到底是什么，再重复在她手上写下"water"，她才学会了这个词。

既然你要让孩子知道"banana"，为什么要让"香蕉"来做一个没有意义的中介呢？直接让孩子接触 banana 本身不就好了吗？在日常生活中，我们让孩子接触英文场景，都是跟汉语场景分开的。我们也从不买中英文对照的绘本。这才是真正尊重了英语使用的真实场景，让孩子可以做到随意接触。

2. 先关注发音的准确性，再补充听读写

我们不强迫孩子说英语，如果孩子要说，那么家长要注意孩子的发

音。这跟我们之前谈到的教孩子学普通话是一样的，说得标准流利很重要。而且，发音练习，也是越早越好。

学者埃舍尔（Asher）于 1969 年在美国调查了在美国生活了五年、不同年龄的古巴移民学生的英语发音情况，发现 6 岁之前到达美国的学生，71% 的人能够达到美国当地人的发音水平；7～13 岁移民美国的学生，有 50% 的人能够达到美国当地人的发音水平；而 13 岁以后抵达美国的移民，这个比例降到了 17%。

的确，在发音方面，年龄越小，越容易掌握第二语言的发音。语言交互作用理论认为，第二语言语音的学习在很大程度上受到了母语语音系统的影响。年龄较小的孩子母语语言经验不足，母语语音表征不稳定，语音系统也不完善，因此非母语语音的同化能力较弱。因而能够更好地察觉新的语音与母语语音之间的差异，建立新的语音类别。换句话说，与成人相比，说汉语的孩子把英语元音归为汉语元音的可能性更小。

有首诗说，"少小离家老大回，乡音无改鬓毛衰。"口音确实要尽早关注，至于"ABCD 怎么写"这类读写的问题，完全有后来居上的可能性，可以稍后再说。

我们在日常生活中也不乏这样的经验，很多成年人靠着突击学习，或者突然只身出国，英语听力、水平和阅读水平都会突飞猛进，但口语水平却并不容易在短时间内获得巨大改观。不过，我们其实也没必要太过纠结是不是一定要让孩子掌握纯正、地道的口音。因为说实话，英语的发音也有很多发音风格。叶壮的一位加拿大朋友在中国生活多年，平时也会做些针对孩子的英语教学工作。他曾跟叶壮吐槽过：很多家长要求孩子的英语发音纯正地道没口音，但他本人其实说英语也有加拿大口音。在这种情况下，他就时不时产生了"作为一个英语母语使用者，我到底配不配教别人说英语"的自我怀疑。

其实，苏格兰跟英格兰的口音不一样，堪萨斯和波士顿的口音也不一样，在英语文化圈中，人们对不同的口音其实抱有比较广泛的接收度，因为就算是以英语为母语的人，也难免会因出身与文化圈层，有口语口音上的差异。在这种大环境下，让中国的宝宝过度追求完全标准的英语表达，甚至到能当英语节目主持人的水平，对于大多数家庭来说，可能目标的确太高了。比起一味追求过高要求的完美口音，倒不如把事倍功半的那些功夫更多地放在听、读、写的训练上，这样才能更好地让英语赋能孩子的成长与生活。

3. 拒绝"填鸭式"英语启蒙培训班

语言只有高强度、高频率地输入和输出，才不会被遗忘。而对于参加填鸭式英语启蒙培训班的学龄前儿童，他们能够学会说英语字母和一些日常单词、从1数到20，说出颜色以及学会如何说"我饿了"等简单的句子，但是这些学习并不一定意味着孩子就能用流利的英语进行沟通。

很多给孩子报名参加过英语培训班的家长会发现，一段时间之后，孩子会忘记他们学过的东西，因为他们没有机会去练习和提高他们的外语。说到这里，很多家长又要发愁了，我自己的英语不太好，自己也很少用到，所以才想让孩子报个班，多少能接触一下标准的英语。那这种情况下，我该怎么办呢？

别着急，其实你的英语说得不算好，也不影响孩子，你可以用一些方法，为孩子自然而然地创造英语环境。

首先，最简单的就是混放中文版和英文版动画片。

如《小猪佩奇》《神奇校车》《托马斯和朋友》这些动画片，我们总是会推荐给来访咨询的家长们，这些动画片都是既有中文版又有英文版。一般，我们会先让孩子看中文版，对剧情有大概的理解。然后，再看同一集的英文版，就会对一些词汇产生深入认识，同时不会遭遇汉语中介所产生的负面影响。你也可以存两份动画片，一种语言一份，用来塑造比较不错的外语接触场景。家长要注意，要选择孩子喜欢看的、能看懂的动画片，这样给孩子混放中英文版，他才不会排斥。

其次，多留心本地的论坛、新媒体、各种组织的线下活动，让孩子多去纯英文的环境中体验。

苏静经常关注这类信息，也会带孩子参加一些英语活动。比如说，她会关注创意舞台剧这类公众号，偶尔带孩子去看英文舞台剧，既培养了英语兴趣，还激发了孩子的创意。

叶壮甚至还建议北京的家长关注一下各国大使馆的动向，这些大使馆每年都会举办几次线下活动，而其中相当一部分是针对孩子与家庭的，有时甚至不收费。让孩子在这样的场景中体验，更能让他觉察语言的工具性，以及通过对英语文化的兴趣来带动对英语本身的兴趣。其他城市的家长还可以关注一些领事馆、涉外机构、国际文化交流机构、高校、国际教育机构、科普组织等，它们都会经常举办这种线下活动。当然，如果经济条件允许，你还可以带孩子出国旅游，体验生活。总之，在这个信息发达的社会，只要家长们多留心，一定能找到适合孩子的方式。

最后，抓住孩子的兴趣，让孩子掌握一两个拿得出手的词，培养他的自信心。

我们家大儿子最喜欢火车和恐龙，所以我们专门给他买了三本书，《恐龙》《火车》与《交通工具》。这三本都是 DK 出版社出的彩图英文版百科全书，因为孩子本身就喜欢这些主题，又容易被多彩的图片和版式设计吸引，所以很爱看，自然而然就会接触大量的英文。有一天，他学会了一个拿手词 helicopter。这个词就是在《交通工具》里出现的，意思是"直升机"。

每次亲朋好友聚会，孩子们难免会遇到家长之间明里暗里的比较。这时候，孩子的拿手词就派上了用场。别人家孩子都是："宝宝，汽车怎么说啊？""Car！"但是到我们家孩子就成了："儿子，直升机怎么说？""Helicopter！"

这个年龄的小孩很少有会说"helicopter"这么难的词的，所以这时候我家大儿子总是得意扬扬，信心满满，虽然这种词他只会一两个。别小看这样的时候，孩子表现好，对孩子的自信心是一种很大的鼓舞。大人的表扬让孩子对学英语的兴趣更浓厚，更相信自己能学好。同时，对于在公众场合表达，也越来越不会怯场。

总之，针对学龄前的孩子，如何培养学英语的兴趣呢？大原则是，在组织内学习，在家里随意接触。在家随意接触需要注意三个问题：不要拿汉语做中介；听说先过关了，再练习读写；别强迫孩子参加填鸭式的英语培训班。与此同时，如果你觉得自己的英语说得不够好，没办法让孩子自然而然接触标准的英语，从而培养学英语的兴趣，可以通过英文动画片、线下活动，让孩子自然接触英语，保持兴趣。最后别忘了抓住孩子的兴趣，让孩子顺手掌握一两个拿手词，在关键时刻，孩子的优秀表现对他爱上英语、培养自信心都有大作用。

专│题│答│疑

Q：如何定义"语言浓度"？日常生活中该如何把控？

A：语言浓度总共分为三个维度：第一个维度是接触时长；第二个维度是使用语言沟通的深入程度；第三个维度是语言在日常使用中的交流强度。

接触时长这个概念比较好理解，指的就是浸泡在某种语言中的时间长度；至于深入程度，则指的是使用这种语言聊的内容的深浅；而交流强度指的是使用语言的场合是什么样子的——是一个人单方面表达，还是两个人对话，还是一群人吵群架。这三个部分就是语言浓度的主要核心构成。

Q：给孩子读英文绘本时，有哪些注意事项？

A：很多家长认为，要给自己的孩子提供高强度的外语语言浓度，一个很重要的方法就是讲外文故事。现在有很多英汉对照的绘本，而且有的家长个人英文水平也比较高，但家长如果讲一句英文，再读一句中文，或者读一句中文，再讲一句英文，这是不对的。低龄儿童在看绘本的时候，对画面的敏感程度远高于对文字的敏感程度，孩子看到某个具体的东西时，先跟他讲一句英文，他对这个东西的命名有了英文的认知，再讲中文，他在英文认知之后即刻产生了中文认知，这就很容易造成孩子对这个东西到底叫什么不明就里。所以在讲双语绘本的时候，我们应该从头到尾连贯地讲一遍英文，再从头到尾连贯地讲一遍中文，而不是一句英文一句中文混杂地讲。

上中学的时候，我们学校里有段时间很流行那种英汉对照的书，左边一页英文，右边一页中文。只要你看过这种书，你就会发现，你要是每一页都强迫自己看完中文再看英文，你会特别不爽，阅读体验将大打折扣。因为在这种阅读过程中，人阅读的流畅性受到了非常负面的影响，这就类似于上面那种给孩子讲中英对照绘本的错误方法。

给孩子做有针对性的方言指导

在"方言"这个话题上，家长们问我们的问题往往很极端。有的家长害怕孩子因为说方言，说不好普通话；有的家长害怕孩子只会说普通话，不会说自己的方言。那么，说方言跟孩子学说话之间的关系是什么？方言到底对孩子语言发展有什么影响呢？

方言不该影响"流利度"

我们的观点是这样的，孩子掌握了几种方言不是最重要的——最重要的是，孩子在日常表达中，说得是否流利，因为语言毕竟是一种交流工具，说得好要比说得多更重要。

我们在家是这样教孩子的：不教方言，在日常生活中说普通话。我们这样决定，不仅仅是因为我们知道流畅更重要，还因为苏静本人就吃了多种语言的亏。她是地地道道的广东人，虽然在北京定居将近10年，但仍说一口改良版的广普。她一张嘴，虽然咬字算得上清晰，发音也标准，但就是去不掉浓郁的广东腔。当年，她大学刚毕业到北京工作，领导给大家介绍的时候，着重强调的一点是她不仅会说粤语，连客家话、闽南话都熟练掌握，加上普通话、英语，可谓是精通"五种语言"！这是优势，也是苦恼。虽然她能跟华南地区的大客户顺畅沟通，从而获得领导器重。但日常交流中，经常会多种方言混着说。有时候，甚至会搞不清具体语境下的某些词汇应该怎么说，这就是因为会的语种和方言太多，导致语言之间"打架"了。

语言学家一般认为，如果两种话语之间不能直接互通会话，那么这两种话语就可以定义为两种不同的语言。换句话说，如果两种话语之间有或大或小的差别，但是并不影响双方交流和理解，那么这两种话语就可以定义为同一种语言的两种不同方言。比如，山东方言、陕西方言同属于北方方言，它们两者之间的差异如果并不影响讲话者的直接通话，而且与普通话之间也没有通话障碍，那么这两者其实是可以被归类为同一种语言的。

然而，粤语和普通话虽然同属于汉语，但只会粤语的人跟只会普通话的人在一起，却是鸡同鸭讲，两人互相听不懂。因此，粤语与普通话口语语音的差异已经达到了国际双语的标准。这样看来，说苏静懂"五种语言"，其实也没有夸大其词。无论是语言学家还是心理学家，都对多语言的认知机制很有兴趣。有学者通过实验对比了"普通话–英语"双语者、"普通话–粤语"双言者和"普通话"单言者之间的差异，方法很简单，让他们看一张图片，然后说出图片上的内容。

研究发现，双语者、双言者比起单言者，表达得会更慢，而且错误率更高。因为当图片出现时，双语者和双言者的两种语言都处于激活状态，而这种双激活状态引发了两种语言词汇之间的竞争。表达时，就会让反应的速度变慢，导致词语之间的冲突。例如一张图片上画着有把手、两个轮的交通工具，要对这张图命名，"普通话 – 英语"双语者会同时激活"自行车"和"bicycle"两个词；"普通话 – 粤语"双言者会同时激活"自行车"和"单车"两个词，选择正确词语的过程延长了反应时间。

就算不涉及直接表达，方言也会挤占普通话的认知资源，从而影响普通话的练习。这很好理解，同时说多种语言，那么每种语言的练习时长肯定就比单独使用普通话的练习时间短。也会进一步导致"话到嘴边想不起词"的现象，研究者称之为"舌尖现象"。

每当别人问，我们家孩子是不是也要学粤语、闽南语，我们都会说目前孩子只要说好普通话就行了。当然，上面所说的是最理想的情况，那就是全家人都能够并主动用标准的普通话交流。现实是，中国是一个多方言并存的国家，汉语按方言分为七大类：北方方言和吴、湘、赣、粤、闽、客家六大南方方言。加上现在人口流动频繁，因此，很多家庭会出现普通话、方言并存的现象。我们家孩子每次去广东，姥姥、姥爷虽然普通话说得不标准，也都会坚持和孩子用普通话交流。先抛开科学研究和数据证明不说，光从苏静个人的亲身体验，我们就不难发现"说方言"这件事，有可能严重影响孩子语言表达的通畅性。

如果你家里的老人总是在孩子面前说方言，甚至要教孩子方言，而你本人又觉得孩子没什么必要学方言的话，不妨把上面这些科学道理讲给老人听，也许他们愿意做一些改变，来配合你们。不过我们要提醒一下：不要在老人说不好普通话的情况下，强制老人说普通话。老人就算竭尽全力，也未必能把普通话说好。不管是"塑料普通话""椒盐普通话"，它们对于孩子的负面影响都远远大于老人直接说方言，因为这些不伦不类的表达既没有标准的发音体系，流畅性也不够。除此之外，让老人放弃自己习惯的表达方式，也会给家庭成员间的矛盾带来一些风险，而且容易让把这些看在眼里的孩子产生一些不该有的解读："说方言很奇怪"或者"方言是一种不好的东西"。现在带孩子离不开老人的帮忙，但老人们大多并不具备语言上的可塑性，想让孩子把普通话学好，父母犯不上逼老人，倒是自己有一系列工作值得尝试。

与方言有关的针对性指导

说实话，老人不会说普通话，说得不标准，在我们看来不是最重要的，最重要的还是父母是否有能力和意愿去教孩子说标准的普通话。而你最应该做的工作，就是结合你们家所用的方言，给孩子做有针对性的语言指导，不要让日常生活中的方言把孩子的普通话带偏。对于那些希望孩子同时学好普通话和方言的父母，需要注意的是，普通话和方言的确有可能打架。北方方言比较接近普通话，但很多具体发音表达依然需要注意。而南方方言则有很多与普通话不同的语法变体，比如粤语中的一些表达跟普通话相比，不仅音不同、字不同，甚至语法也不同。

语法不用赘述，家长们都心里有数。具体到发音，有几个高危区需要结合孩子的情况对照自检。

首先，平舌音和翘舌音相混淆。"z、c、s"和"zh、ch、sh、r"是有区别的，关键是要掌握这几个翘舌音的发音要领。zh 发音时舌头往后缩，舌前部往上抬，舌尖接触或接近前硬腭，气流把舌尖冲出一条缝，然后从缝中挤出，摩擦成声，但声带不能振动；ch 的发音要领与 zh 基本相同，唯一不同的是解除阻塞时，冲出的气流较强；sh 的发音要领是舌尖翘起，接近前硬腭，气流从间隙中冲出，摩擦成声；r 的发音要领与 sh 基本相同，唯一不同的是 r 在发音时声带要颤动。

其次，边音 l 和鼻音 n 相混淆。不管南方北方，不少地方的方言都分不清边音 l 和鼻音 n。要解决这一问题，一是弄清 n 和 l 的发音要领（n 的发音要领是舌尖抵住上齿龈，阻塞口腔通道，软腭下垂，气流转由鼻腔出，声带颤动；l 和 n 不同的是软腭上升，关闭鼻腔，使气流从舌头两边流出）；二是根据上述方法，经常做发音练习，在练习过程中找感觉；三是归纳特点，n 作为声母的字少，l 作为声母的字多，下点功夫尽量记住 n 为声母的字，便于区分。

再次，唇齿音 f 和舌面后音 h 相混淆。"老虎"读成"老斧"就是典型。导致这个问题的原因主要是日常的搭配习惯。

最后，还有舌面前音和舌面后音相混淆。我们经常把"普遍"读成"普片"，出现这些问题的原因主要是普通话中的一些声母为 j、q、x 的汉字，在方言里都读成了 g、k、h，而且韵母也变成了开口呼。处理方法还是要靠练。

在看到这里之前，你家孩子可能已经在方言和普通话的混杂环境中成长了一段时间。我们建议你可以结合自己家孩子的情况，自检一下孩子说普通话时是否有口音上的问题。不过，就算有也不用着急，7 岁之前都比较好纠正。就算 7 岁之后，下功夫也是可以掰过来的。

其中，有两个重要的影响因素。一是与说普通话的同龄人之间的互动。孩子的语言发展环境需要更多的个体刺激，天天就听身边的几个人说话，孩子自己其实也觉得单调。我们有时候会发现孩子跟别的小朋友玩耍时学到了一些新词新句，其实游戏的过程中，孩子也会学到口音和语调。倘若同龄人群保有一个不错的普通话水平，游戏和玩耍同样也是能帮助孩子学好普通话的，毕竟交流的目的是社交，而社交本身最能反哺语言。二是让孩子多参加正式的表达表演场合。不管是幼儿园还是亲子班，孩子上台表演前都是有排练环节的，而涉及表达的那些表演，在排练的时候肯定会涉及普通话环节。这恰恰是让孩子培养说普通话的能力与信心的好机会。

如何成为普通话和方言都熟练的"双语者"

如果想让孩子方言、普通话齐头并进，如何做到"两手抓，两手都要硬"呢？

我们首先建议有这样想法的父母一定要保持警觉，学好方言不应该以学不好普通话为代价。如果家里主要讲方言，孩子获得的语言包裹感足够强，学好方言应该不成问题。但家长们其实更应该关注的是，孩子的普通话水平有没有被拖后腿。不同的方言对普通话有不同的负面影响，甚至会在表达中跟普通话打架。我们有时候听一些人说普通话，说着说着蹦出一个方言中的词，这就是一种典型情景：两种都学，导致在提取词汇时容易出错。

除此之外，我们还想重点提示一下，除了普通话的词汇量与发音之外，你需要关注的还有普通话表达的流畅程度，这个标准往往被不少教孩子方言的家长忽视了。有一些研究发现，同时能流畅地说方言和普通话的孩子会表现得更"聪明"，他们在认知能力和语言能力上都有更高的得分。但是，很多家长在同时教孩子方言和普通话的时候，没有做到平衡教学，导致普通话流畅度不够。这就有问题了，但这些问题不是没法解决的，你需要重点关注孩子在说普通话时可能被方言影响的如下风险，一一控制，就可以提升孩子的语言流畅度了。

首先，注意同一个字或者词在方言和普通话中有不同用法的情况。

举两个例子：四川话里的"好"有"怎样""多少"的意思；东北话里的"老"有"非常""特别"的意思。"好"和"老"在普通话中并没有这两个意思，所以孩子在普通话中使用这些含义时，就意味着产生了言语混淆。

其次，很多方言都有比较有特色的句尾助词，如"撒""嘞""嗦""呢""啦"之类。有时，这也会出现在孩子说的普通话中，同样需要注意。

再次，儿化音滥用。在北京话（没错，纯粹的北京话本身也算方言）及其他一些北方方言中，会使用大量的儿化音，甚至影响同一个字的释义，比如"眼"和"眼儿"就不能等同起来使用。所以有的孩子会在普通话使用中滥用儿化音，这也需要纠正。除此之外，一些方言中的常见话佐料，比如"好不啦""我去""知不道"等也在此列。

另外，在纠错的时候，平和一点，并做好同一问题多次纠错的心理准备。矫正孩子发音错误的时候别太严肃，孩子一紧张更说不出来，你放松他才会放松，话才能说得顺当。与此同时，很多表达问题，不是一次就能改过来的，父母也要做好跟一些问题死磕的准备。

比如，我们家大儿子之前有一段时间，发音的问题出在"二"这个字上，开口就说成了"饿"。对于所有类似的问题，我们都采用一种方法来干预，叫作PDCA。P是计划（Plan），D是执行（Do），C是检查（Check），A是处理（Action）。计划如下：帮孩子区分"二"和"饿"的发音，一共找六个词作为练习素材，如二月、饥饿、二哥、很饿、一二三、饿了么。随后就是执行阶段，采用跟从练习的方法让孩子开始练习。"宝宝，我们来说月份吧？""好！""你先说我先说？""你先说！""那你跟好我哦！""好！""一月！""一月！""二月！""二月！"。依此类推，完成关键字的学习。接着是检查阶段，需要时不时让孩子提取练习过的词汇，听听他说得怎么样。再根据检查出来的问题进一步调整素材，解决遗留问题。待当前这个问题解决了，再进一步搞定下一个。

这种游戏性很强的"跟从练习"，我们几乎每天都会跟孩子玩。这个游戏的要点是选择一个主题，我们说与主题相关的词汇，再由孩子跟着说。有一次月食出现的时候，我们很应景地把那天的练习的主题定为"太阳系里的星星"，我们从水星到冥王星说了好几遍，孩子也完成了一次高质量的练习。"跟从练习"是让孩子跟家长学普通话的很好的方法，它能快速直接地让孩子复述家长的正确发音，不管是学习词汇还是矫正词汇，都是很好的游戏。除此之外，跟从练习还有一个进阶版本，叫作"越来越快"。依然是让孩子跟着我们来说，只不过我们每次说的都是前一个词加一个字或词，比如"穿！""穿鞋！""穿鞋去！""穿鞋去下楼！""穿鞋去下楼遛狗！"句子越来越长，但节奏越来越快，可以很好地帮孩子培养语言表达的连贯与流畅程度。

父母如何帮助孩子训练口音

父母作为年轻人，学习能力更强，更应该掌握教孩子说好普通话的方法。

首先，我们要帮孩子树立正确的口音态度。

叶壮16岁来北京的时候，因为说话有老家口音，真的遭遇过一些不愉快的事。口音其实不仅仅与表达有关，也与别人对你的印象有关。这不是你我说了算的，而是一种社会文化中的刻板印象。"说好普通话，走遍天下都不怕"其实还是有一定道理的。将来孩子在正式场合发言、交流，肯定还是普通话用得多。所以，在日常生活中，我们也有必要帮助孩子树立正确的口音态度。我们既然希望孩子学英语能有足够地道的口音，就应该要求孩子说汉语时采用同样的标准。

其次，我们可以尝试充分利用音韵，通过儿歌学习普通话。

像"声律启蒙"这样的儿歌工具其实有很多，都能帮助家长与孩子共同学习标准的汉语发音。诗词、儿歌独具韵律性、文学性和情感表现力，它们更能被孩子理解与记忆，也更容易产生积极的影响。比如，"小老鼠，上灯台，偷油吃，下不来"就是很经典的练习材料。对孩子来说，这首儿歌所表达的场景很好理解，同时也很押韵，涉及的咬字发音也都是比较基础的。不过不要因为这一点，就让孩子过早开始诵读甚至背古诗词，因为一些复杂的诗词，对于 3 岁以下的孩子来说理解起来比较困难。再加上单个句子偏长，所用的词汇又不够常见，效果反而不好。

再次，我们要认可孩子在公众表达中的普通话表现。

对孩子来说，很多能力都是夸出来的，说话也一样。如果孩子这次在公众场合说得不错，我们可以夸他"勇敢""大方""表现很棒"，还可以增加一些对他表达技能的认可。把"说得真好"再细化一下，比如"说得真的很流畅！""跟电视上的主持人一样好！""发音越来越好了！""感觉你都可以说绕口令了呢！"

最后，我们还要纠正自己带有方言腔调的普通话。

很多方言的长期使用者有可能意识不到自己方言中的错误发音，比如人、牛奶、肿胀等词。我们专门在本节最后准备了普通话发音纠正清单，方便家长们进行自检与练习。除此之外，有一些在方言中常见的口头语和俚语，以及一些普通话中不存在的佐料话和语气助词，在教孩子说普通话时，千万别一不留神也顺便教了。

跟孩子说方言，确实会对孩子掌握普通话有一定影响。如果你在权衡之后，跟我们一样不愿意承担孩子普通话和方言可能贪多嚼不烂的风险，不妨就尝试一下上面的方法，把孩子说汉语的重心完全放在标准普通话上。有的家长可能会问："学方言有这么多风险，那学外语岂不更有挑战？"学外语的确是一件更复杂的事，所以我们会在下一章的一开头，重点来谈这个问题。

普通话练习清单

1. 工兵、拥军、东风、参加、西安、秋收、拉丁、非洲、播音、交通、磋商、周刊、参军
2. 胸怀、加强、资源、坚决、高潮、新华、新闻、欢迎、鲜明、工人、飘扬、编排、宣传
3. 黑板、刚果、批准、发展、班长、听讲、艰苦、生产、施展、灯塔、充满、争取、加紧
4. 方向、飞快、庄重、单位、通信、根据、播送、音乐、拥政、夸耀、规范、经济、深入
5. 农村、平均、国家、国歌、联欢、革新、南方、节约、滑冰、容光、澄清、群居、承担
6. 随同、儿童、团结、国旗、直达、答题、随时、联合、离别、停留、人民、滑翔、模型
7. 华北、黄海、防守、平等、遥远、狭小、泉水、勤恳、寻找、难免、截止、民主、和好

8. 财政、林业、盘踞、革命、豪迈、同志、群众、情愿、常用、局势、存放、辽阔、雄厚

9. 广西、展开、北京、广播、指标、统一、许多、领空、整装、产生、每天、纺织、转播

10. 反常、表决、指南、解决、敏捷、统筹、普及、紧急、解围、小学、朗读、谴责、抢夺

第 3 章

提升孩子的高阶语言能力

从语法到逻辑

不必担心"电报语"

不少家长曾经很严肃地问过我们:"我家孩子倒是挺能说的,但感觉说的东西乱七八糟的,怎么办呢?"其实,如果孩子年龄不大,大可不必担心。因为2岁以下的孩子说话本来就没有逻辑,或者说他们有自己的逻辑。这个阶段,研究人员称之为"电报语阶段"。

美国心理学家大卫·谢弗(David R. Shaffer)在《发展心理学:儿童与青少年》一书中提到,18~24个月的孩子,正处于说"电报语"的时期。他们能将词语组合成简单的句子,却只能像电报一样,仅仅包含有关键信息的词,如名词、动词和形容词,而省去了冠词、介词和助动词之类的修饰词,短小精悍。这个阶段,孩子在快速积累词汇,但是却没有太高的语法水平,所以表达的过程中会缺少一些逻辑性。这让成年人听起来觉得很乱。

别看这个阶段他们说得简单,但却很重要,因为这是他们对语法的初次尝试。不要低估了年幼儿童的语言能力,因为他们经常用相同的两个词语组合,在不同的背景下传递不同的意思。例如"妈妈袜袜"这种表达,一次是在孩子捡起妈妈的袜子时(表示这是妈妈的袜子),一次是在妈妈给他穿袜子的时候(表示妈妈正在给我穿袜子),一次是自己想穿袜子的时候(表示要妈妈来给我穿袜子)。

这个阶段是儿童语言发展的必经阶段,是孩子学习语法的基础阶段,一定要重视。我们应该鼓励孩子多说多练,并跟孩子积极互动,表示作为成人的我们听懂了。也完全可以表扬孩子说得很棒,尤其是在他们学习了新的词汇或者掌握了新的组合时。下面我们就来重点讲一讲，孩子处在电报语阶段时，父母如何高效培养孩子的表达逻辑，加快语法的学习。我们建议大家首先确立两个核心原则：按部就班，平和纠错。

按部就班：表达逻辑的有效练习

我们先说说按部就班。语法的学习是有规律的，没有哪个孩子刚学会几个词就能妙语连珠。对于语言学习来说，词汇积累是烧砖，语法学习才是盖房子，砖要一块一块烧，房子也要一步一步盖。为了让语法学习的进程衔接紧密，同时又高效，我们建议家长们这样做。

1. 坚持扩充词汇量

巧妇难为无米之炊，复杂的句子一定需要大量词汇作为基础。已经有研究证明，语法复杂性与儿童掌握的词汇量呈显著的正相关关系，随词汇量的增长而增长。要想让孩子快速学会正确表达长难句，就需要多参考一下本书前面几节的内容，首先提升孩子的词汇量。

2. 帮孩子重塑语言

经常性扩充、重塑或扩展儿童的言语，能使儿童较快地学会语法规则。这部分内容我们在之前的内容中谈到过父母如何帮孩子做扩充性重述，这里就不赘述了。

3. 帮孩子做语法转换示范

在和孩子交流的时候，我们可以把他的话进行一些标准的语法转换，带给孩子更多的语法刺激。比如把陈述句转化为疑问句。"我在吃饼干"这句话可以很容易地转化为:"我在吃什么?"也可以转化为否定句:"我在吃饼干,你没有吃饼干。"

我在孩子 1 岁半的时候,会这样跟他聊天。在吃饭的时候,我会问他:"你在吃什么?"他会回答:"吃面面。"我就会同时进行语言重塑和语法转换,把这句话变成一个复合句"我在吃肉肉,你在吃面面"。然后再问:"你在吃面面,我在吃什么?"孩子就会回答:"你在吃肉肉。"随后,我还会告诉他:"去叫妈妈来吃饭饭。"他会跑到厨房去,对妈妈喊:"妈妈来吃饭饭。"慢慢地,在同一个场景下,他就可以很轻松地说"妈妈,爸爸叫你去吃饭饭"这样复杂的句子了。

——叶壮

4. 更多地让孩子了解事物之间的关系

学前儿童的语言变得较为复杂的另一个原因是,2～5 岁的儿童开始能理解和表达一些表示对比与关联的词语了。例如大小、高矮、宽窄、里面、上面、之前、之后、这里、那里以及你我他。在日常生活中,让孩子多探讨、多表述事物之间的关系,练习使用"比""和""都"这样的词语,多探究比较不同的东西再加以表达。一般来说,到 3 岁的时候,大多数儿童都能开始使用复杂的句子。在儿童 5～6 岁的时候,他们可以运用大多数语法规则,讲话非常像成人。家长们也可以比照这个时间段来进行自查。

平和纠错：语言指导要点

下面，我们讲讲平和纠错。在学习更加有逻辑性、更复杂、语法水平更高的语句时，孩子肯定会犯错误。而这个时候，父母需要做的是平和纠错。生气地说"教你几遍了""能这么说吗"，或者一笑了之，直接忽视："哎呀，这小孩说话挺逗的。"这两种做法都是不可取的。很多家长应该都能做到纠错时不生气、不忽视，但大多数家长不清楚什么时候需要纠错。所以我们专门谈谈，在哪些情况下，家长需要重点纠错。

1. 过度泛化

这种错误出现得最频繁，就是用一个词指代种类比较广泛的物体或事件。比如"打"这个词，在孩子的视角中，可能打人是打，拥抱也是打，"你拍一我拍一"也是打，这就是典型的过度泛化。这个时候，我们要告诉孩子他所说的词没有当前他所认为的意思，并告诉他那些事物或动作的真正名称是什么。比如，要告诉孩子，这样抱抱的动作，叫"拥抱"，"你拍一我拍一"叫"拍手游戏"。

2. 拓展不足

有时候，儿童也会用一般化单词指代较小范围内的物体、动作或者事件的趋势。比如家里有条狗，孩子从小就知道这是"狗"，但他有可能认为"狗"这个词只代表自己家的那一只，而不清楚大到藏獒小到吉娃娃，其实都是"狗"。所以我们要告诉孩子，他所说的词汇具体包含的范围特征是什么，比如你可以告诉孩子"四条腿，汪汪叫，老是跟人很亲的"都是狗。

3. 匹配听众

匹配听众，就是说要让孩子理解，听你说话的听众是谁。例如：我们家大儿子想看电视了，会跑过来跟我说："爸爸，我想看电视了，可不可以？"我会跟他说："爸爸说可以，你再去问一下妈妈。"他就会跑到厨房里，跟正在做饭的妈妈直接问："妈妈，可不可以？"（叶壮）

实际上，苏静完全不知道他是在问看电视的事。然而，孩子并不会认为自己说错了。4岁及4岁以下的儿童在说话的时候，其实很难意识到自己说错了，他们普遍认为自己表达已经足够到位了。在前面的对话里，我们家大儿子所犯的错误就是没有让表达的信息"匹配听众"，就是说苏静并不知道他想征求许可的事到底是什么。这时候，家长就要跟孩子好好沟通："你想做什么呀？为什么要来问可不可以？"这样引导孩子说出"我想看电视"之后，还要再补充一些内容，告诉孩子："你跟爸爸说了，但妈妈可并不知道哦，下次要完整地告诉妈妈哟。"

除了以上的这些原则和实操方法外，在日常生活中，还有3件事可以帮孩子加快语法学习，让说话越来越有条理。

1. 在孩子1岁半前多说宝宝语

本书的第2章中已经讲过宝宝语的使用方法，在这里再多提一句。

教育心理学家威廉·弗勒（William Fowler）曾训练一批家长跟孩子说宝宝语，结果这些家长的孩子开始说话的平均时间跟普通孩子相比大幅度提前。并且在两岁多的时候掌握了相当水准的基本语法，而普通孩子通常在将近4岁的时候才能达到这个水平。弗勒这套课程的核心作用机制还有待进一步研究，但说宝宝语能帮孩子加速掌握语法这一点，确实是效果显著。

2. 多让孩子参加开放性活动

所谓开放性活动就是没有规则、纪律、约束的玩耍，说白了，就是自由活动。很多时候，我们给孩子准备了玩具、识字卡、故事机等，其实可能限制了孩子的玩法，还不如纸盒子、铁丝和沙堆带来的积极作用多。

脑科学家约翰·梅迪纳说过的一句话我们特别认同："孩子的识字卡，很多时候还没有装那些卡的盒子有益处。"有研究表明，那种开放性的活动会逼着孩子进行更多的创造、想象，尤其是高强度的语言交流。孩子可能拿一个纸箱子，试图说服其他的孩子："这是一个坦克！"这当然可以培养他的语言能力，尤其是社交中复杂句的使用。可惜的是，从1981年到1997年，孩子们的自由活动时间减少了约四分之一，有固定玩法的儿童玩具大量涌现。所以，我们应该给孩子更多的开放性活动空间，让他们有更多机会练习语言的复杂运用。

3. 无论男孩女孩，都可以鼓励他们多玩过家家

不同于开放性活动，过家家的本质是严格的角色扮演——医生就是医生，老师就是老师。也正因为这样，它得到了著名教育心理学家维果斯基（Lev Vygotsky）的极力推崇。虽然与开放性活动的形式截然不同，但过家家仍然可以促进孩子们的高级语言能力发展。维果斯基认为，过家家会刺激孩子们更多地讨论和制定规则，学习掌握符合这个角色的复杂表达方式，在游戏中进行更多的探讨和交流。这为语言的发展提供了很好的平台。事实证明也的确如此，在维果斯基英年早逝后的几十年里，

有大量的心理学人证明了他的观点。

总之，两岁以下的孩子处在电报语阶段，说话没有逻辑是很正常的。在这个阶段，家长可以通过一些方法帮助孩子加强语法学习。学习过程中，我们需要注意两个原则：按部就班，平和纠错。至于在日常生活中，该如何加快孩子的语法学习呢？有三点可以尝试：在孩子1岁半前多说宝宝语；多让孩子参加开放性活动；无论男孩女孩，都可以鼓励他们多玩过家家。

动画片：选得对，用得对

很多家长把动画片视作洪水猛兽："孩子看了容易上瘾""对孩子眼睛不好""听说孩子会越看越傻"。这些说法我听很多家长提过。其实，现在这个时代，孩子看动画片是不可避免的。而且，看动画片未必就是一件坏事。家长们不必过分忌惮，只要选得对、用得对，看动画片既能帮家长省力，还能教孩子说话。

严格限制观看动画片的年龄和时长

说实话，我们家孩子不仅看动画片，而且看得还不少。有时候，真正能帮我们带娃的神器，恰恰就是这些动画片。但孩子从几岁开始看，我们是有严格限制的。请家长们注意，我们建议，孩子3岁之后，再让他看动画片。根据美国儿科医学会的研究论证，不到3岁的孩子看动画片，是弊大于利的。不过随着电子产品的普及和视频内容的爆炸性传播，美国儿科医学会最近也松了口：最早也不能早过1岁半。孩子1岁到1岁半时，他们的学习渠道是现实生活中跟家人之间的互动。研究显示，想要让这个年龄段的孩子记住动画片中的内容，需要反复播放很多次，并且观看动画片对他们的认知提升毫无作用。同时，大量观看动画片也缩短了孩子玩耍的时间以及与家人的互动时间，也严重影响了他们的词汇掌握和言语发展。在这个年龄段，我们家也是不允许孩子看动画片的。

研究发现，3岁以上的孩子看"优质的"动画片，其实可以从中获益。现在孩子对知识和信息的需求越来越广泛，而电视节目信息量丰富，能让孩子学到更多知识，还能扩展孩子的学习兴趣。动画片的这些好处不该被否定。说到这里，家长们可能要纠结了，一方面希望看动画片能让孩子学习到各种各样的知识，顺便给自己争取一点休息的时间，另一方面又担心影响孩子视力，害怕孩子看电视上瘾。其实，不用那么纠结，对孩子是否有好处，关键在于"看多长时间"。

早在1990年，国外就有大量的研究表明，电视可以成为一种良好的教育手段。优秀的电视节目对儿童的学习能力、智力发展、道德行为等都有良好的培养和促进作用。甚至哈斯顿（Huston）等学者指出，儿童在自然条件下观看《芝麻街》，不仅可以促进他们词汇量的增长，提高他们的口语和阅读水平，还可以培养良好的社会行为。但也要注意，西雅图儿童医院的某项研究也指出，幼儿过多地观看电视节目会引发孩子7岁后出现注意力问题的风险。幼儿每天观看的时间越长，这个风险越大。这个年龄段的幼儿以直观思维方式为主，需要大量依靠直接感知，所以会不自觉地被电视节目中的画面、声响吸引。所以，看动画片要建立在适当、适量的基础上，父母要严格限制观看时间，帮孩子管理观看时间。

总之，对于孩子看动画片这件事，我们建议，一次观看不要超过20分钟，一天尽量不要超过3次。毕竟，孩子看电视时间过长可能会引发疾病和各种问题，比如每天长时间观看电视会使幼儿缺少社交，进而变得孤立化；长时间受电视闪烁光亮的刺激会产生电视癫痫症和睡眠障碍；节目中的暴力画面还会引起孩子的攻击性行为等。

接下来，我们再来讲讲应该给孩子挑哪些动画片。虽然孩子可以看动画片，但是对于动画片的内容，我们需要亲自严格把关。

严选动画片的标准

有人认为孩子看的动画片如果杂七杂八、种类很多，肯定弊大于利，但事实还真不是这样。我们给孩子选动画片都会符合两个条件：我们精选的；孩子爱看的。家长可能会疑惑，难道选动画片有什么原则和方法吗？有，以下是我们选动画片的几个核心标准，按优先级从前到后排列。

第一，孩子真心喜欢看。强扭的瓜不甜，因为是孩子看动画片，所以孩子是否喜欢看才是最重要的。

第二，角色与情节多样化。有很多动画片的角色、场景、矛盾和情节都非常单一。比如，不管哪一集，都是好人在各种各样的情况下打败了坏人，然后坏人高喊"我还会回来的"。越是能凸显角色个性，越是情节多样的动画片，就越能给孩子的成长带来多元的刺激。我们陪孩子一起看的时候，也可以多跟孩子讨论。总重复一个套路的动画片，在我们看来确实不够好。

第三，单集时长最好不要超过 20 分钟。单集时间越短，管理孩子看动画片时就越方便。比如，5 分钟的动画片播完了，我们可以跟孩子说"看完这集就不看了"。但 30 分钟的动画片，就很难进行精细化管理。

第四，最好有配套阅读物。动画片可以加强孩子对角色的认知。孩子本身就喜欢这个动画片，如果再有配套的绘本或图书，就能培养孩子的阅读习惯了，同时也有助于语言学习。借助孩子的兴趣，看动画片也能向看书良性过渡了。

第五，不要有广告。广告会打断孩子看动画片的进度，更让家长苦恼的是，广告内容很多都是卖动画片周边玩具的。孩子很有可能提要求，要把玩具买回家。我们宁愿花钱买视频平台的会员，也不愿意让这些动画片夹杂广告。

以上是选动画片的五大原则，我们精选的动画片会放在本节最后的清单里，大家可以参考（这些动画片也都是我们家孩子很喜欢的）。

动画片"陪看"方案

选好了动画片，具体怎么看，这里面也是有大学问的。我们家孩子看动画片时，我们会用这些方法陪他一起看。

1. 哪怕是看动画片，也要做好陪伴教育

就看动画片来说，一方面要做好时间管控，另一方面我们也要给孩子做好解说。

心理学者夏米尔（Shamir）等人在 2008 年就已经指出，使用动画片、电子故事书、学习机等与早教机有相似功能的电子产品，能明显提升幼儿的词汇量，对有阅读障碍的儿童的阅读动机、阅读态度、单词阅读、语音意识、语音发音和阅读理解等方面也有好处。但有一个前提很重要：这个研究针对的是 5 岁及超过 5 岁的儿童。如果孩子没到这个年龄段，我们还是有必要"陪孩子看动画片"的，毕竟，如果有成人陪伴

幼儿使用这些电子产品，并加以引导和解释，那么孩子在语音意识、单词学习和故事理解方面的成绩就会优于那些自己看动画片的同龄人。

2. 要给孩子复述情节和内容的机会

在看《神奇校车》的时候，我们会通过提问，让孩子复述在动画片里出现的科学道理。比如有一集讲到了声音的产生机制，我们就会问他，"卷毛老师刚才说了，声音是怎么产生的呢？"他就会兴高采烈地用动画片里的原文来回答："所有的声音都是因为震动！"

3. 在动画片内容涉及社交和情绪时，家长可以尝试询问孩子动画片里情节发展的推动因素

有些动画片不是教孩子知识，而是教社交礼仪。比如《小猪佩奇》里面，佩奇和小羊苏西闹别扭，我们会问孩子："佩奇为什么会不高兴啊？"他会回答我们说："因为小羊苏西不和她做朋友啦，她难过。"

4. 要跟孩子有情感共鸣

如果你陪孩子看动画片的机会比较多，你就会发现孩子有时候会突然兴奋起来。虽然我们作为成年人，都不太理解那个场景有什么可兴奋的，但这时也不要说"你给我安静点！看个电视疯什么疯！"这类煞风景的话，而要跟孩子有情感共鸣，你可以说"这真是个让人高兴的事儿呢"！

5. 要注意适时提醒

陪孩子看电视也是一个你帮助孩子管理时间的好机会，可以提醒孩

子"看完这集,咱们就不看了"。假如提醒之后你忙别的,没再陪孩子继续看了,再想起来的时候可能已经过了约定的时间,你可能会生气,而孩子还惦记着要把正在看的这集看完,这时就容易产生矛盾。和孩子一起看动画片,其实也为家长的适时提醒提供了保障。

最后,我们想再提醒一下:无论是早教机、动画片还是电脑等电子产品的使用,对 3 岁以下的孩子还是弊大于利的;而对于 3 岁以上的孩子,在家长积极参与管理的情况下,的确能够起到一定的积极辅助作用,不过都无法取代家长的陪伴阅读。

我们精选的动画片和电影清单

动画片

《神奇校车》(1994 年版)

《小猪佩奇》

《托马斯和他的朋友们》

《文字派对》(Netflix 版)

《神探加吉特》

电影

《极地特快》

《生命》(BBC)

《行星地球》(BBC)

《好奇乔治》

从羞于启齿到敢于开口

害羞并不能一概而论

很多家长曾跟我们说:"我家孩子平时在家里能说会道的,但是一到陌生人面前,他马上就胆小害羞了,话都说不利索了。"

研究者们是这样定义"害羞"的:人们在人际交往中感觉到会被他人评价,因而产生一种在他人面前感到紧张、担心或尴尬的倾向。在20年前,"害羞"都算不上是缺点。但是如今,很多家长都把孩子的害羞看作必须处理的社交缺点。很多幼儿园、小学和中学的老师也表示,他们确实更喜欢外向、胆大的学生,这叫作社会的外向偏好。与此同时,众多研究者发现,害羞、退缩的孩子在社会适应方面出现了越来越大的问题。著名心理学家菲利普·津巴多(Philip Zimbardo)近年来就主要在攻克"害羞"这一课题。

害羞最直接的表现之一,就在语言。活泼外向的孩子更擅长与同伴交往和交流,获得高频的语言练习机会;而害羞内向的孩子更多的是静静地坐在一边观看其他同伴玩耍,极少参与交流和对话,从而影响了他的语言学习。

前面我们提到的心理学家津巴多与害羞协会创始人、斯坦福大学的林恩·亨德森(Lynne Henderson)博士,一起开了一家害羞诊所,帮助儿童和成年人解决害羞问题。另外,他们都有大量帮助害羞者的经验。他们把自己的研究成果写成了畅销书,我们在本节中给出的建议和方法,也与津巴多和亨德森的研究成果相匹配。当然,我们也会补充我们在实地考察中遇到的案例,帮助大家更直观地理解这些理论和方法。进化心理学家戴维·巴斯（David Buss）将害羞分为两类：恐惧型害羞和自我意识型害羞。首先我们要弄清楚，孩子属于哪种类型的害羞。

用练习来战胜恐惧

恐惧型害羞发生比较早，一般在孩子出生几个月后就会显现出来，具体表现为对陌生人和新奇刺激产生恐惧和抵触，也就是咱们常说的"认生"。几乎每个宝宝都会经历这个阶段，它也是孩子情感发展的重要节点，意味着孩子可以区分自我和他人了。这个理论得到了美国发展心理学家杰罗姆·凯根（Jerome Kagan）的认同，他还做了一些研究，进一步印证了害羞与社交表现水平差之间的关联。他发现，害羞的确会让孩子更容易中断计划、退缩、规避交流。在孩子四五个月大的时候，他们会开始对陌生人产生警惕注意，会对陌生人的脸注视更长时间。

不过，每个宝宝的基因不一样，导致他们的认生程度也不一样，有的会出现明显的严肃、紧张的神态，有的会哭闹不止，有的却会跃跃欲试、好奇心十足地盯着陌生人，甚至"人来疯"。

这种恐惧型害羞的强度差异是先天的，而且具有较强的稳定性。菲利普·津巴多教授也明确指出恐惧型害羞源于家族遗传。有时候，我们发现孩子"人来疯"特像爸爸，这的确是有科学道理的。虽然对于 5 岁以下的孩子，大部分的害羞行为都来自遗传，天生对新异环境具有回避性，但家长们也不必太担心。最新研究给我们带来了好消息：1 岁半时害羞的孩子，虽然到了 4 岁大概率依然害羞，但到 6 岁以后，就会出现分化。简单点说，天生的害羞能持续到 6 岁，6 岁后的表现取决于父母在 6 岁之前的干预程度。健康的社交包含能适应环境的情绪和思维方式，这也是害羞的人在社交中缺乏的。

那么，对于恐惧型害羞的孩子，我们重点要放在循序渐进让孩子不排斥和适应社交上，学会社交的方式，进而在社交中拥有正面的情绪和思维方式。建议大家可以这么做。

1. 系统脱敏法：带孩子逐渐走出他们的安全圈

我们见过有家长想改善孩子害羞的状况，把6岁的孩子单独留在公众场所，自己在旁边暗中观察。这种方法并不科学，只能给孩子带来创伤。对于害羞的干预，一定不要拔苗助长，而应该循序渐进。

具体做法如下：有意识地带孩子走出家门，帮助孩子尽早适应他可能接触到的各种社会环境，其实也是学习社交的过程。比如，第一步可以先从所在小区花园开始。选择在人少的时间段，让孩子熟悉周围环境，孩子在这个环境里能够比较放松地自行玩耍和探索时，邀请一名平时经常接触的邻居或邻居家差不多年纪的、不害羞的小朋友一起玩耍。让孩子慢慢地适应除家人以外的比较熟悉的人的陪伴后，再选择人稍微多一点的时间段，让孩子在熟悉的区域里接受陌生人的存在，依此类推，逐渐扩大孩子的活动范围和接触人数。

2. 父母的全力支持和无条件陪伴，才能给予孩子足够的安全感

我们曾在一个幼儿园观摩过小朋友表演节目，在那次观摩中，有一位妈妈的做法就诠释了什么叫"全力支持和无条件陪伴"。表演当天，也许幼儿园考虑到要保障效果，前三位上场的小朋友都顺利地完成了节目表演，一点也不怯场。但是从第四个上台的孩子开始就状况百出，抱着妈妈的腿不肯上台，妈妈好不容易劝上台了，拿着麦克风、抿着嘴不肯开口，一直等到音乐结束，丢下麦克风就手忙脚乱地冲下了舞台。第五

位、第六位孩子对上台表演这件事更加抵触，甚至憋红了脸，鼻涕眼泪糊了一脸，哭喊着"不要去"。第七位孩子听说是班里最害羞的，虽然站在了台上，但是紧握麦克风的双手一直在不停地颤抖。

孩子妈妈的处理方式很科学也很高明：妈妈在发现自己孩子的手在颤抖后，果断地走上了舞台，拥抱着孩子，亲了亲孩子的脸蛋，低声安抚着。等孩子稍微镇定下来后，和孩子一起完成了表演。在结束时，听着台下的掌声，躲在妈妈怀里的孩子终于抬起了头，露出了笑容，对着麦克风说了一声"谢谢"。这位妈妈的做法就是正确的示范。在孩子害羞、害怕的时候，家长正确的做法不是打断孩子，更不是斥责孩子，而是帮助、陪伴孩子一起完成当众表演，让孩子体验到完成表演带来的快乐。

3. 隐形的面具：让孩子表达另一个自我

我们继续前面的例子。第八位上台的孩子同样是一个害羞的孩子，孩子妈妈也陪伴着上了舞台。同时，妈妈还拿出了一个蜘蛛侠的面具戴在了孩子的头上。一开始焦虑不安的孩子戴上面具后仿佛获得了一股神奇的力量，慢慢地镇定了下来，和妈妈一起完成了表演。这个蜘蛛侠面具似乎让孩子变成了像他心目中的英雄一样勇敢无畏的人。这种具有仪式感的服装、道具等，能帮助孩子去发现和表达自我的另一面，慢慢找到社交中自己的角色和让自己舒服的方式。

撕掉标签，进入正循环

第二种害羞，即自我意识型害羞，一般开始于五六岁。这种害羞产生的主要原因是个体对自我公众形象的过度觉察，例如害怕自己的某种行为会让他人觉得不好。可以说，这种害羞是后天的，受社会因素、文化因素、父母养育方式等外在条件，以及孩子自我意识发展过程中所经历的事件影响，让孩子过早地学会了恐惧、不信任和无能感。

害羞其实是一种糟糕的体验，伴随着自责、逃避、纠结、抑郁等负面情绪，外界的反馈往往会加深这种负面情绪所带来的自我否定感。所以，在应对害羞的时候，首先要做的是让人能够从害羞的负面循环中解脱出来。这很容易理解，你越害羞，负面情绪就越多，在社交等场合中的表现就越差，得到的负面反馈就越多，那么就会更害羞。先从这个负面循环中走出来，有意识地去获得正面反馈，这样害羞的人才能走进正面循环，越来越勇于表达自己，越来越自信。

所以，应对后天自我意识型害羞，我们可以帮孩子这样做。

1. 撕掉孩子身上"害羞"的标签，弱化孩子对社交的焦虑

"害羞"的标签，其危害比害羞本身要来得剧烈。我们都知道，标签是对复杂经历简明扼要的概括，能够向他人传递客观信息，简单快捷地说明其实质的价值所在。对于孩子来说，标签更容易引发对自我的不客观评价。

例如，我们经常在小区电梯里碰到同一栋楼的邻居，带着自家孩子搭乘电梯，碰见我们后，就会让孩子叫"叔叔阿姨"。孩子当时可能状态不好，不情不愿，干脆躲在父母身后默不出声。这时，孩子的爸妈都会特别尴尬地向我们解释："我们家孩子很害羞，胆子小。"可是，据我们平时与这个孩子的接触，一点都不觉得他是害羞的。作为家长，最好不要依据站不住脚的表面现象给孩子轻易下结论，一旦这个结论被多次证实，孩子很容易给自己贴上标签"哦，我是害羞的，人际交往是我不擅

长的"。在往后，孩子会更倾向于相信能够证实这个标签的事，而忽略证明标签不成立的因素，因此标签的力量是巨大的，错误的标签更是毁灭性的。

2. 与孩子进行身体方面的亲密接触，帮孩子逐渐缓解焦虑感

研究者詹姆斯·佩索特（James Pressot）指出，身体接触可以作为一种减少人与人之间负面感受的有效方式。抚摸、拥抱作为直接而原始的方式，能够将我们和他人联系在一起，而拥抱更是一种尤其典型的表达积极情感的方法。拥抱孩子能给予孩子支持和温暖，如果你不知道怎么支持孩子，这是最简单、最直接的方式。拥抱能够给孩子力量，当孩子学会用肢体表达情感时，比如友好地握手、拥抱、击掌，会缓解害羞，也会在社交中自然拉近与别人的关系，不给害羞留空间。

3. 往孩子的手里塞点东西，给焦虑情绪一个出口

在孩子去一个有可能让他感到害羞和紧张的场合时，可以让他手里拿点东西，握住东西的动作能给焦虑情绪一个发泄口。比如，去见陌生人的时候，让孩子拿伴手礼；登台演出的时候，可以让孩子手里拿一枝花；准备融入新的同龄人群体时，给孩子带点零食分给小伙伴，这些都是不错的选择。手里的东西不仅能让孩子与熟悉的经验保持联结，还能帮他更好地融入新环境。

4. 跟孩子玩一个勇往直前的游戏：信任盲行

害羞往往来源于对他人评价的过分恐惧和尴尬，信任盲行的游戏能有效降低孩子这种恐惧感，更加信任和了解他人。

家长可以选择在一个安全、宽阔的房间，给孩子蒙上眼睛扮演盲人，自己扮演向导。一开始，向导引导盲人环绕房间一周，让盲人感觉安全。逐步扩展到向导站在某个位置，让盲人根据向导的语言指引穿过障碍，跟着向导的声音走去，直到达到终点。家长也可以跟孩子互换角色，让孩子来体验表达、照料与被信任的感觉，这同样重要。

出口成章的底蕴

高质量表达从何而来

高质量的表达总是需要素材来做支撑的，对于孩子来说也是一样。"高质量表达"的一个重要考量指标，就是遣词造句的质量和水准，哪怕同一件事，如果哪个孩子能用成语或者修辞来表述，那么他的语言水平一定更高。种什么种子开什么花，要让孩子能够做到出口成章，而非开口全是片儿汤话，家长其实有很多工作需要做。

对于 4 岁以下这个年龄段的小孩来说，因为还没有产生抽象思维能力，也没有经历过专门的逻辑训练，所以孩子"出口成章"的重点就不能放在"观点"这个层面了，而应该更加注重表达能力的提升。换句话说，在这个阶段，先让孩子学会写记叙文，等他做好准备后，再学写议论文。

出口成章包括语言素材从储备到场景化，再到提取应用的一系列过程。了解这个过程，会更方便地让你知道在不同的阶段需要做哪些工作。接下来，我们将会帮你梳理一下各个阶段的要点。

出口成章最重要的前提是素材储备。毕竟，有的词如果连听都没听过，我们就更不能强求孩子在表达的时候使用了。在孩子上小学前，有四类素材，孩子既能学会，起到的效果也很好。下面我们按优先级给大家讲一讲。

第一种是成语。

成语是一种非常有中国特色，故事性强，而且便于理解的语言素材。我们认为，对于母语是汉语的孩子来说，最应该做好成语方面的素材储备。因为成语好懂、好记、可适用的场景多，而且很多成语是一朝学会、终身受用的，所以成语一直是我们建议家长帮助孩子储备词汇的重点。总的来说，成语易学性强，适用范围广，实用性强。

第二种是专有词汇。

很多专有的名词、动词及形容词，能帮助孩子增加语言多样性。在我们日常生活中，同一个事物也有很多表述形式，比如"我"可以表述为"俺""咱""本人""人家"，同样，孩子也有必要在生活中学习同一事物的延展表述。父母可以通过三种方式进行延展。

首先，就是增加表述形式，比如把"快"进一步拓展为"迅速""敏捷""嗖的一下"。其次，可以具体化原有的词汇，把"星星"具体为"金星""小行星""月球是地球的卫星"。最后，在日常生活中，教孩子更多的书面词汇，比如"肆虐""紧张""犹豫"。

总的来说，专有词语易学性一般，适用范围广，实用性强。

第三种是诗歌。

从我们小时候开始，家长们就对孩子背唐诗有非常强烈的偏爱。的确，诗歌具有很强的文化气息、优美的韵律性，但是同时诗歌又有一个使用上的问题，就是除了孩子斗诗和秀才艺之外，没有太多可供使用的现实场景。回想我们小时候学过的很多诗歌，现在都背不出来了，就是因为生活中实在没有能用上的地方，长时间不提取，自然就忘掉了，所以它并不是我们日常关注的重点。不过，你如果对诗歌有偏爱，并且非常看重诗歌对孩子文化素养的积极影响，当然也可以着重培养。总的来说，诗歌易学性强，适用范围窄，实用性一般。

第四种是修辞手法。

对于 3 岁半以上的孩子，已经能够理解具象比喻了，比如"脸红得像苹果"，而比喻就是典型的修辞手法，同样也是日常表达中的重要加分项。孩子虽然能够理解并应用一些修辞手法，但通常只能掌握固定套路：他们能学会把脸形容成苹果，但不太能做到举一反三，自主地把脸形容成其他的东西。所以，对于学龄前儿童来说，修辞手法的掌握和有创意地使用确实有些难，但依然有必要让孩子稍加接触，并掌握一些套路，为以后的进一步学习打好基础。总的来说，修辞手法易学性差，适用范围一般，实用性强。

场景化表达

接下来，我们讲一讲孩子表达能力训练的第二个阶段，即场景化阶段。

孩子积累了素材后，就需要进一步解决一个问题：这些素材适用于哪些场景？这需要家长帮孩子了解什么时间什么场合该用什么词。例如，如果孩子看到爸爸和爷爷在合作换灯泡，一个扶着椅子，另一个在椅子上踮着脚拧灯泡，这时候他是应该说"爸爸和爷爷合作得真是天衣无缝啊",还是应该说"爸爸和爷爷真的是狼狈为奸啊"?作为成人我们当然知道,前者的表述才是对的,这时候家长就可以让孩子学习"场景化"。

很多成语本身背后就有故事,"天衣无缝"和"狼狈为奸"这两个词就各来自一个有趣的小故事。所以我们非常建议家长们用讲故事的形式给孩子讲解成语,同时在日常生活中依托不同场景来帮助孩子了解成语的使用。不过,有一类成语我们不太建议花太多精力学,就是那种源自一个有趣的故事,但日常生活中缺乏使用场景,最典型的就是"刻舟求剑"了。故事很有趣,但是生活中却很难找到使用的时机,所以其实没有必要花太多心力来学类似的词。与"刻舟求剑"不同,像"兴高采烈""五彩缤纷""心满意足"这样的成语,虽然故事性不强,但实用性却很强,值得下点功夫多多关注。这些词本身就是对场景的高度概括,所以非常容易代入到使用场景里,练得次数多了,孩子也就记住了用法。

此外,我们还想给大家分享一个教孩子学高级词汇的方法:解说孩子的行为。我们家大儿子在从幼儿园回家的路上,有时候会跟大人赛跑,这就是一个很好的解说行为的机会。在你追我赶时,就有机会使用大量的新词汇,所以大人会一边跑一边"解说赛况",这自然而然地会用到不少新词汇,比如,紧随其后、迎头赶上、暂时落后、不甘示弱、争先恐后、勇夺桂冠……

活学活用,让词汇进入生活

最后一个阶段,就是词汇素材的提取应用。如果把语言表达比作上战场,素材积累解决了弹药的问题,而场景化解决了战术训练的问题,提取应用则解决了真刀真枪实战的问题。学习知识是为了应用,以下两个方法可以帮你辅助孩子学习词汇应用。

首先，父母做好表率，日常生活中多提取优质的语言素材。唯有这样，孩子才会明白：原来这些文绉绉的词在日常生活中也是能用得上的，而不仅仅是用来逢年过节时背给亲戚朋友的。哪怕是一顿午饭，掌勺的问"好吃吗"，这也是一个给孩子做榜样的机会。回答者可以简单说一句："好吃！"也可以尝试多用一些高级词汇，具体讲讲"好吃在哪儿"，比如："今天这顿饭我特别喜欢。这道菜特别能吃出食材的新鲜原味，还有今天的红烧肉，肥而不腻，入口即化。"当然，你未必要说得这么夸张，但是使用词汇的好榜样还是要做的。

其次，父母还要多问半开放性问题。很多时候，家长还是觉得孩子太小，会问一些"好不好""对不对""是不是"这类封闭性问题。这些问题无法带动孩子的高水平语言表达，只会让他们的语言表达水平停留在平台期。与此同时，类似"你有什么看法"的开放性问题对孩子来说有可能挑战太大。所以我们应该多问一些半开放性问题，比如"今天老师表扬你在幼儿园的表现了，你都做了些什么呀？"，孩子就会结合在幼儿园的表现来说明。

最后，再分享两个我们自己用过的方法，可以帮助孩子日常锻炼表达能力，建议父母酌情尝试。

1. 买一台打印机，帮孩子做日程记录

之前，我们为了打印论文和材料，买了一台彩色喷墨打印机，但意外发现它还有一个妙用：帮孩子做每日事件记录。很多家庭都有给孩子做日程记录的习惯，但是苦于需要写很多字、频繁剪东西贴东西，最后都放弃了。多亏了这个打印机，我们的日程整理变得简单多了，所以坚

持下来了。我们从网上购买了照片大小的不干胶打印纸,碰到孩子有一些值得记录的瞬间,就用手机拍下来,然后直接用无线功能打印出来,再贴到日程记录本上,并补上日期和一句话批注,简便快捷。

这些照片和事件其实构成了大量方便孩子进行表达的素材,孩子在讲述发生的事情时就会提升表达能力。他和其他人交流的时候,也有可能会谈及这些被记录下来的事情。最终,这些照片贴和事件成为语言练习的素材,也成为和他人交流的谈资。

2. 与孩子一起做"大乱斗"读图

有一种图我们非常喜欢,我们称之为"大乱斗",它通常符合几个条件:人物和元素多,场景复杂,人与人之间的交互多,色彩鲜明,图很大。家长和孩子一起做"大乱斗"读图,解决了一个很大的问题:优质词汇没地方用、没机会练,而读图就可以创造使用场景。孩子本身也容易被这些绚丽场景吸引,更何况这些场景里充满了个性化的人物和有意思的小情节。家长和孩子对于这些场景的共同探讨与深入交流,当然也会为语言练习提供机会。

我们最推荐的"大乱斗"图集是风行欧美十几年的《威利在哪里》(*Where is Wally*)。这套大开本的书每一页都是一个非常复杂的场景,虽然看似只有一个简单的任务——"找到威利",但实际上却给孩子的话语表达以及亲子之间的沟通提供了巨量的空间与素材。

总之,就是我们要注意,孩子表达能力的训练有三个阶段:素材储备、场景化、提取应用。另外,也可以使用两个方法:给孩子做日程记录,跟孩子玩大乱斗读图,目的都是为了给孩子提供更多练习表达的机会。

第 4 章

在游戏互动中发展语言能力

我们都是很喜欢说话的人——表达自己，跟别人沟通，听别人倾诉，这些和语言有关的互动，很容易让我们感受到生活的美好。但是，我们日常接待的来访家长，为了让孩子"好好说话"，总会把学说话变成一种非常不好的体验。我们坚定地认为，让孩子在趣味盎然的游戏中学习说话，是绝对可行的。毕竟，这是一个刚需的技能，同时也是一种让人远离孤独感的行为，它理应有趣、快乐。可一旦这原本快乐的事没有如期而至，就容易变成焦虑的来源。

无论是日常生活还是研究调查，我们都会发现越来越多的孩子面临着语言发展迟滞的问题，开口说话比同龄孩子晚，说的质量也不如同龄孩子高，甚至有的孩子还出现了一开始说话很不错，后来慢慢不说的倒退现象。家长很着急，但也很无措，不知该从何下手。甚至有的家长为了让孩子马上进步，带孩子进行各种口肌按摩、发音矫正，或威逼利诱让孩子死记硬背一些单词、句子、唐诗，进行所谓的鹦鹉学舌式训练。这样的训练虽然可能会得到短暂的成绩，但却让语言止步于开口，而非表达，甚至会浇灭孩子与人交流的热情和兴趣，得不偿失。

实际上，家长都忽略了让孩子愿意学、乐意说的一个非常好的渠道，它就是游戏。孩子天生都喜欢玩游戏。美国明尼苏达大学教育心理学教授安东尼·D.佩莱格里尼（Anthony D. Pellegrini）曾经说过："游戏是孩子们一生的事业。"事实上，对于孩子来说，游戏能够帮助他们认识世界，让他们学会很多必备的技能——识物、识数、计算，掌握一些简单的词汇以及学会如何解决难题，如何与人交流等。

作为成年人，我们很容易忽略和低估游戏给孩子带来的诸多益处；而作为家长，我们在和孩子玩游戏时往往不得要领，不了解如何做才能让孩子在快乐玩耍的同时学会相应的技能。因此，在这一章里，我们将给大家奉上 8 个丰富多彩、简单易学的互动游戏，让家长掌握如何通过游戏互动来激发孩子的表达欲望，扩大孩子的词汇量以及提升他们表达水平的方法，实现有目的地玩、有技巧地玩，让孩子在趣味盎然的游戏中学习语言。

如果你的孩子在语言学习过程中，碰到了如下难处，那么我们非常建议你尝试一下我们在本章提供的 8 个游戏。

不开口：如果家里有 12 个月、14 个月甚至是 18 个月大还没有开口说过一句话的孩子，请及时咨询专业机构或专业人士，如果确诊为语言障碍，积极配合专业干预和训练的同时，可以使用这些游戏进行辅助训练。

不太会：孩子已经开口了，但说得不好，语言水平相对同年龄段的孩子而言较低，除了常说的几个词，词汇贫乏，新词学习慢，表达不清晰。

不愿意：孩子已经开口了，但说着说着就不说了，没有了以前表达的热情，甚至连原本已经学会的词，例如"爸爸""妈妈""饭饭"等，很多时候都不再说了，大部分时候都采用"摇头""点头"的方式来表达需求，总是在那里不声不响。

在这一章里，针对各种不同的问题，我们从激发孩子的表达欲望，扩大孩子的词汇量以及提升孩子的表达水平的角度，选取了多个专门为孩子设计的语言游戏，这些游戏形式灵活、简单易学，而且具有开放性，家长可以根据孩子自身的语言发展程度和兴趣灵活调整和应用，以满足每个孩子独特的需求和喜好，让他们快乐成长。

在我们看来，所有语言的表达都有三个基本要素：第一个要素是发音，例如元音 a、o、e；第二个要素是意义，例如"妈妈"指代的是养育孩子的女性；第三个要素是组织，例如"我要吃苹果"而不是"苹果要我吃"。语言的学习一般遵循的规律是：先掌握发音，再掌握意义，最后掌握组织，这就是为什么刚出生的孩子只会反射性发声，到了 1 岁左右才能说出有意义的词汇。对于这个规律，无论是语言发展正常的孩子，还是语言发展迟缓的孩子，只有快慢的差别，没有顺序的区别。下面这些游戏的设计，是从发音、意义和组织三个角度出发，以尊重孩子的语言发展规律为前提：每个游戏的操作都包括连音成字、连字成词、连词成句三个阶段，以便家长能够更准确地选择适合孩子自身语言水平的训练方法。

连音成字阶段：激发孩子的发音兴趣，将无意义的发音转化为有意义的发音，适合不愿意开口的孩子或有事只会"咿咿呀呀"的孩子。

连字成词阶段：扩展孩子的词汇量，掌握词汇的概念和准确应用词汇，适合词汇量不足的孩子，例如只掌握了亲近家庭成员称呼"爸爸""妈妈""奶奶"，或者掌握词汇远远少于同年龄段孩子。

连词成句阶段：提高孩子表达的流畅性，帮助孩子掌握语言的高阶应用，适合处于双字句阶段的孩子或说话不流畅、句子不完整的孩子，例如"苹果要我吃""抱宝宝妈妈"等。

因为每个孩子的语言发展水平不一样，学习和掌握的速度也不一样，而且家长在评估孩子语言水平的时候也不一定全面和准确，因此无论自家孩子的语言水平处于哪个阶段，家长导入游戏时，都可以从连音成字阶段开始，因为幼儿期的孩子对于发声都是充满兴趣的，发出一些有意义或是无意义但有趣的声音会让他们乐在其中。在孩子逐渐熟悉和掌握连音成字阶段的游戏规则后，再慢慢地过渡到连字成词阶段和连词成句阶段。在这个过程中，家长可以仔细观察孩子的行为和反应，从而选择最适合孩子当前需求的阶段进行反复练习。

请允许我们先用一个游戏的介绍，来向你大概展示一下，对于不同的孩子来说，这三个阶段分别如何应用。

游戏案例：叠高高，建高塔

随着双手和双臂协调能力的增强，孩子常常喜欢将一个东西放到另一个东西上面。对孩子来说，将物体摞起来和将物体推倒是充满乐趣的事情，因此家长可以有意识地用各种物体，例如积木、小纸盒、面巾纸、塑料瓶、果汁盒等，来和孩子一起玩"建高塔"和"推高塔"的游戏。

这个游戏不仅有助于开发孩子的大运动能力、精细动作能力和空间意识，同时通过学习分辨不同物体的大小、形状、颜色和名称，扩展孩子的词汇量。

连音成字阶段

步骤一：预热沟通

将积木散放在孩子面前，坐在孩子身后环抱孩子，说："宝宝，我们来玩'叠高高，建高塔'的游戏吧。"

*注意：每次开始游戏前，家长都需要和孩子说一下"玩什么"，孩子不一定懂，但通过这种方式，可以让孩子慢慢将游戏和游戏名称建立联系，唤起他的期待和注意力，这个环节也叫"预热沟通"。在接下来的游戏介绍中，每个游戏开始时，家长都需要与孩子做"预热沟通"，让孩子清楚地知道"今天妈妈要和我玩的游戏叫什么"。

步骤二：叠积木

每放一块积木，家长都要快速收回手，配合有趣的声音，如"咦"（哇、哦、嘿、哎呀等），吸引孩子的注意力，让孩子学习"咦"的发音。

*注意：每次游戏时，只选用一个拟声词，让孩子重复练习。

步骤三：推倒

轻轻拉着孩子的手，一起将积木推倒，快速收回孩子的手，配合着有趣的声音，如"哎呀，全倒了，我们再玩一次吧？"然后，重复步骤。

连字成词阶段

步骤一：预热沟通

将积木散放在孩子面前，坐在孩子身后环抱孩子，说："宝宝，我们来玩'叠高高，建高塔'的游戏吧。"

步骤二：叠积木

向上叠积木，同时数数："1、2、3……"或"上、上、上……"或"红色、黄色、绿色……"

*注意：每次游戏时，只选用一种表达，加深孩子对相关知识的了解。

步骤三：推倒

家长可以先给孩子加入期待元素，例如对他说："我们一起喊'1、2、3，推'。"推倒时，家长拉着孩子的手，喊："1、2、3，推。"一起将积木推倒，配合着有趣的声音："哗啦，全倒了。我们再玩一次吧？"然后，重复步骤一。

连词成句阶段

步骤一：预热沟通

与孩子面对面坐，将积木散放在中间，说："宝宝，我们来玩'叠高高，建高塔'的游戏吧。"

步骤二：叠积木

可以向孩子提出搭建不同的形状，例如"我们建一座城堡／一座高架桥吧"，向上叠积木，同时数数"第一块积木、第二块积木、第三块积木……"，或"红色放在下面，绿色放在中间，黄色放在上面……"

*注意：每次游戏时，只选用一种表达；如果孩子熟练掌握游戏规则后，可以鼓励孩子与家长轮流叠，家长叠第一块积木后，将第二块积木放在孩子手里，鼓励他说"宝宝叠"同时配合数数等，让孩子初步习得"轮流"的社会规则。

步骤三：推倒

家长可以给孩子加入期待元素，例如"我们一起喊'1、2、3，推'"。推倒时，家长拉着孩子的手，喊"1、2、3，推"，一起将积木推倒，配合着有趣的声音："哗啦，全倒了。我们再玩一次吧？"然后，重复步骤一。

通过这个游戏的介绍，相信你已经对如何和孩子就"语言发展"进行交互有一定了解了。那么如果碰到孩子不配合的情况，该怎么办呢？

家长需要注意的是，请不要强迫孩子保持注意力或者强迫孩子玩游戏。游戏只是一种亲子互动和交流的媒介，并不是主体，游戏的真正意义是吸引孩子的注意力、激发他的兴趣，让他能在一个轻松愉悦的氛围里与家长进行良好沟通和亲密接触。如果孩子在玩游戏的过程中，突然将注意力转移到了周边的物体、玩具或事情上，家长可以顺着孩子的关注点，将游戏里提及的一些对话技巧进行灵活应用。

孩子是游戏的主体，一个纸团、一片叶子、一个废纸盒甚至是家长本身，都能成为孩子的"玩具"，都能被"设计"到充满乐趣的游戏中。请家长不要限制游戏的步骤，放飞想象，结合游戏的一些设计要点和原则，灵活创造，每天都与孩子快乐互动、快乐交流。除此之外，关于和孩子一起通过游戏学习语言，还有几点需要注意的地方。

（1）半小时原则。每次玩耍半小时。陪伴并不在于时间长短，更重要的是效率。我们每天都有很多个半小时，抽出其中的一个半小时，和孩子独处，全身心地关注对方，实现高效陪伴，对孩子的发育有着不可估量的益处。

（2）最近发展区原则。不能超前，不能滞后。孩子语言的发展是一个循序渐进的过程。过于超前，容易揠苗助长；过于滞后，则会止步不前。家长需要耐心和细心地了解孩子的语言发展水平，选择比孩子现有语言水平稍微高一些的语言表达进行练习和训练。

接下来所介绍的游戏都会从连音成字、连字成词和连词成句三个不同的语言发展阶段，分别介绍游戏操作步骤和注意事项。无论孩子处于哪个语言发展阶段，家长都可以先从连音成字阶段导入游戏，逐步过渡到最适合孩子自身需求的游戏阶段。

游戏 1：快乐倾听——小小舞蹈家

案例

我和点点妈妈都是"话痨"，所以点点 10 个月就会说爸爸、妈妈、爷爷了。刚学会的时候特别爱叫，但奇怪的是，1 个月后就不怎么说了。现在点点 1 岁 1 个月了，也就比刚开始多学会了奶奶、棒棒、阿（阿姨）、大灯这几个词。这是怎么回事呢？是不是我们大人引导的方式有问题呢？

解决思路

在日常生活中，经常有家长问我，孩子会说话，很多词已经能说了，但就是不说，这种情况该怎么办？其实很简单，你希望孩子说什么，就先说给他听。

孩子是天生的模仿者，模仿是他们探索世界、学习适应的第一种方式。他们会模仿父母做的事情，模仿父母的声音、动作和语言，甚至父母走路的姿势和衣着。如果你希望孩子说什么，就先说给他听。

对于不说话的孩子，也许是因为他们不太会说话，也许是因为他们不愿意说话，无论是哪种原因，家长需要做的第一步就是激发他们对声音的兴趣，从而一步一步引导他们说话的欲望。你还可以发出有趣的声音，使声音充满乐趣。

你可以仔细观察孩子正在做的事情，给他模仿各种各样的声音。例如当他滚动小球的时候，你可以发出"咕噜咕噜咕噜"的声音；当他滑动汽车玩具的时候，你可以发出"嘀嘀嘀嘀"的声音；当他被天上的飞机吸引时，你可以发出"轰隆隆轰隆隆"的声音。有趣的声音让孩子兴致盎然，同时，这样的模仿能让孩子将声音与声源联系起来，当他下次做同样事情的时候，能够自然而然地联想到相应的声音，从而增强他模仿、自主发声的动力。

试试这种游戏：小小舞蹈家

欣赏美妙的音乐和感受音乐的旋律对发展孩子的语言能力至关重要，尤其是儿歌优美的旋律、和谐的节奏、合辙押韵的句子更是别具魅力、美妙无比。儿歌所使用的语言本身也朗朗上口，便于记忆和传唱。家长可以准备一个音乐播放器，将孩子抱在怀里，随着音乐的节奏翩翩起舞。

1. 连音成字阶段

选用音乐《西班牙斗牛士进行曲》。

步骤一：预热沟通

"宝宝，我们来玩'小小舞蹈家'的游戏吧！"与孩子进行预热沟通后，一只手托住孩子的屁股抱起，另一只手轻轻拉着孩子的一只手伸向前方，摆出类似跳交谊舞的姿势。

步骤二：跳舞

音乐响起后，随着节拍夸张地摆动身体，小范围地转圈滑动，同时配合着音乐前奏哼出："噔噔噔噔噔噔……"

*注意：每次游戏时，只选用一个拟声词，方便孩子重复练习，尽量选用轻快、节奏强、简单的音乐。

步骤三：制造惊喜

在摆动身体、转圈滑动的时候，可以偶尔给孩子制造点惊喜，例如突然"滑下去"或者"定格"。

2. 连字成词阶段

选用歌曲《头、肩膀、膝盖与脚趾》(Head, Shoulders, Knees and Toes)。

步骤一：预热沟通

"宝宝，我们来玩'小小舞蹈家'的游戏吧！"与孩子进行预热沟通后,你们面对面站立,说:"宝宝,跟着妈妈一起做哟。"

步骤二:跳舞

音乐响起后,唱到某个身体部位,例如头,双手一起指向头,然后大喊"头"。

*注意:每次游戏时,只选用一个名词,方便孩子重复练习;如果孩子无法完成动作模仿,家长可以面对面示范几次后,站在孩子后面,拉着孩子的手,协助完成动作。

步骤三:制造惊喜

在孩子将手指向身体的某个部位时,家长可以突然伸手在孩子指向的身体部位上轻轻挠痒痒。

3. 连词成句阶段

选用歌曲《健康歌》。

步骤一:预热沟通

"宝宝,我们来玩'小小舞蹈家'的游戏吧!"与孩子进行预热沟通后,你们面对面站立,说:"宝宝,跟着妈妈一起做哟。"

步骤二:跳舞

音乐响起后,唱到某个动作,例如"左三圈,右三圈"时,做出相应的动作,同时唱出重点歌词,例如"左三圈,右三圈,脖子扭扭,屁股扭扭,早睡早起,咱们来做运动"。

*注意：如果孩子无法完成动作模仿，家长可以面对面示范几次后，站在孩子后面，拉着孩子的手，协助完成动作。

步骤三：制造惊喜

在孩子完成某个动作后，家长可以突然伸手托着孩子的胳肢窝举高高，然后继续后面的舞蹈动作。

游戏 2：快乐发声——你说一句，我说一句

案例

小妮已经 17 个月了，只会说爸爸等简单的词语。大人跟她说什么，她都听得懂，就是不开口。想要什么东西，只会拉着大人的衣服，瞪着眼睛等大人猜，如果没猜对，着急了就大哭大叫或者摔东西、打人。怎么才能让小妮开口表达呢？

解决思路

1. 帮助孩子建立他们的声音库

如果孩子还没有学会如何用语言进行交流，那么，家长需要帮助他们建立一个巨大的声音库，让孩子学习如何有目的地发出声音和如何发出特定的声音以得到他们想要的东西。想要建立声音库，家长首先要做到的是对孩子发出的声音积极回应，向孩子传达"我很重视你想说的事情"，让他觉得掌握语言很有成就感，从而对他的语言发展产生长期的积极影响。

2. 模仿和重复孩子的发音

即便是缄默不语的孩子，也无法抵挡发声的乐趣。也许孩子还没能开口说出第一个字，也许孩子惜字如金、不愿开口，但你肯定听过孩子发出的声音，有时是用类似"咿咿呀呀"这种不包含语义的声音对刚发生的事情做出回应，有时则是没有由来和目的地发出声音。即便孩子发出的是毫无语义的声音，你根本不理解他想表达什么，也应该学会去模仿他的声音，告诉他："我听到了"，并为孩子发出的声音赋予重要性和意义。

如果你发现孩子正在自言自语，可以走过去，选择一个利于引起孩子注意的好位置，重复他正在发出的声音，然后停顿，充满期待地等他回答。例如孩子说"啊"，你要仔细听、认真点点头，然后也说"啊"。如果他说"咕"，你也要重复说"咕"。孩子也许会再次发出声音，如果他这样做了，你就再次回应他；如果他停止了发声，没关系，也许是孩子正在惊奇你的回应，多试几次，让他理解这是一段小型对话。当孩子习惯了你的回应，也学会用他掌握的各种声音与你对话时，就可以开始用你和孩子熟悉的各种声音来轮流玩发声游戏了。

很多家长可能会疑惑，模仿和重复孩子的发音并不是用真正的语言与孩子沟通，但事实并非如此。对于一些不开口或者说得不好的孩子而言，往往可能是因为他们没有意识到可以使用发音的方式来表达自己的需求，或者是因为他们没有意识到交流是双方你一言我一语的行为，甚至是因为他们根本不知道该怎么发音。因此，通过模仿和重复，不仅能够让孩子对倾听声音和发出声音产生兴趣，而且通过观察家长的模仿行为，能够帮助他理解嘴唇和舌头的运动与发出的声音之间的联系，同时有助于孩子将自己的声音与听到的声音进行比较，从而更准确地掌握发音技巧。

试试这种游戏：你说一句，我说一句

道具：有回音或能传递声音的玩具迷你话筒。

1. 连音成字阶段

步骤一：预热沟通

"宝宝，我们来玩'你说一句，我说一句'的游戏吧！"与孩子进行预热沟通后，你们面对面坐好，说"开始喽，宝宝先说"。将话筒递给孩子，充满期待地等他发声。

步骤二："鹦鹉学舌"

如果孩子发出的是单个音，例如"哦"，你就学他说"哦"；如果孩子发出的是双音，例如"咿呀"，你就学他说"咿呀"。

*注意：如果孩子还无法主导游戏，可以先由家长来示范和主导，例如由家长先说，孩子模仿或者由两位家长来演示，让孩子先观察，待孩子熟悉游戏规则后，再互换角色。该步骤可以重复几次，再进行步骤三。

步骤三：提升趣味和扩充

如果孩子发出单个音"哦"，你就学他说"哦哦哦"；如果孩子发出的是双音"啊呀啊呀"，你就学他说"啊呀呀呀呀呀"。

*注意：你发出的音要比孩子发的音长一些，这样会让他觉得很有趣。

步骤四：语音接龙

如果孩子发出的是单个音"哦"，你就说"呀"；如果孩子发出的是双音"啊呀啊呀",你就说"哗啦哗啦",发出与孩子不一样的语音,与他玩"语音接龙"。

2. 连字成词阶段

步骤一:预热沟通

"宝宝,我们来玩'你说一句,我说一句'的游戏吧!"与孩子进行预热沟通后,你们面对面坐好,说"开始喽,宝宝先说"。将话筒递给孩子,充满期待地等他发声。

步骤二:"鹦鹉学舌"

如果孩子说出一个词,例如"狗",你就学他说"狗";孩子说"苹果",你就学他说"苹果"。

*注意:如果孩子还无法主导游戏,可以先由家长来示范和主导,例如由家长先说,孩子模仿或者由两位家长来演示,让孩子先观察,待他熟悉游戏规则后,再互换角色。该步骤可以重复几次,再进行步骤三。

步骤三:提升趣味和扩充

如果孩子说出一个词,例如"狗狗",你就学他说"狗狗,汪汪汪";如果孩子说"苹果",你就学他说"吃苹果"。

*注意:你发出的音要比孩子发的音长一些,例如"吃苹果"加长"吃"的发音,这样会让他觉得很有趣。

步骤四:词语接龙

如果孩子说出一个词,例如"狗",你就说"猫";孩子说"苹果",

你就说"香蕉",与他玩"词语接龙"。

3. 连词成句阶段

步骤一:预热沟通

"宝宝,我们来玩'你说一句,我说一句'的游戏吧!"与孩子进行预热沟通后,你们面对面坐好,说"开始喽,宝宝先说"。将话筒递给孩子,充满期待地等他发声。

步骤二:"鹦鹉学舌"

如果孩子说出一个短句,例如"狗狗叫",你就学他说"狗狗叫";孩子说"吃苹果",你就学他说"吃苹果"。

*注意:如果开始还无法主导游戏,可以先由父母来示范和主导,例如由父母先说,孩子模仿或者由爸爸妈妈一起来演示,让孩子先观察,待他熟悉游戏规则后,再互换角色。该步骤可以重复几次,再进行步骤三。

步骤三:提升趣味和扩充内容

如果孩子说出一个短句,例如"狗狗叫",你就说"一只狗狗汪汪叫";孩子说"吃苹果",你就说"宝宝吃苹果"。

*注意:你发出的音要比孩子发的音长一些,例如"妈妈抱宝宝"加长"抱"的发音,这样会让他觉得很有趣。

步骤四:句子接龙

如果孩子说出一个短句,例如"妈妈抱抱",你就说"妈妈亲亲";孩子说"吃苹果",你就说"吃香蕉"。

游戏 3：快乐识物——看看盒子里有什么

案例

我们家多多很早就开始说话了，比同年龄的孩子掌握的词汇要多很多，这一度让全家人都非常高兴，所以家里人都很热衷于与多多说话。他现在已经3岁半了，从一年前开始，除他对某一样东西好奇时会问"这是什么"外，别的什么都不肯说。

解决思路

1. 不要试图通过提问来测试孩子

很多家长喜欢通过向孩子提一些问题来进行交流。大部分家长都知道需要向孩子提开放性问题以激发他们的交流欲望，但是并非所有人都知道该如何提问。甚至因为家长的提问不当，导致本来语言发展很好的孩子越说越差，越来越缄默。

不要试图通过提问来测试孩子，这类提问最典型、最常用的形式是："这是什么""狗是怎么叫的""这是什么颜色"之类的问题，看似是父母在主动与孩子互动，事实上这并不是一种真正的交流，而是一个小测试。如果孩子知道答案，那么这个问题对孩子的语言学习毫无意义，只是在强迫孩子思考和说话；如果孩子不知道答案，他的感觉会很糟糕，从而抑制孩子的交流。请不要再向孩子提问你已经知道答案的问题，这样只会为孩子带来交流上的压力。

2. 多描述：孩子在看什么，你就说什么

想让孩子识物，并不需要用"这是什么"来吸引孩子的注意力，父

母只需要注意他在看什么，然后以此为主题与他对话，并随着他注意焦点的改变而灵活转变对话主题，即当孩子注视某件物品的时候，你可以把这件物品拿给他或转向他注视的物品，告诉他这是什么东西，还可以针对这件物品发出有趣的声音。例如孩子正在看不远处的一只小狗，你可以说："宝宝是在看小狗狗吗？小狗小狗毛茸茸，小狗小狗汪汪叫，小狗小狗蹦蹦跳。"关注孩子所关注的事物，能够帮助他跨出至关重要的一步，提高边看边听的能力。

试试这种游戏：看看盒子里有什么

父母可以收集各式各样的盒子，例如饼干盒、礼品盒或鞋盒，在每个盒子里都摆放一个常见的物品，例如苹果、糖果、玩具小汽车、彩笔、杯子等，试着通过这个游戏，让孩子学习将事物的名称和实物对应起来，增加他的词汇量，以提升他的语言表达能力。

1. 连音成字阶段

步骤一：妈妈看

"宝宝，我们来玩'看看盒子里有什么'的游戏吧！"与孩子进行预热沟通后，你们面对面坐好，将其中一个已经放好物品的盒子摆放在中间，说"妈妈看看里面"，然后轻轻地打开盖子的一角，并迅速盖好，发出惊奇的拟声词，如"哦""咦""哇""哎呀呀"。

步骤二：宝宝看

对孩子说："宝宝想看看吗？"停顿一下，给孩子反应的时间，然后改变位置，将孩子环抱在前面，拉着孩子的手打开盖子的一角，并迅速盖好，发出惊奇的拟声词。

*注意：步骤一和步骤二选用同一个拟声词，每次或每天游戏时只选用一个拟声词。步骤一和步骤二可以重复 2～3 次，以吸引孩子的注意力和激发他的好奇心。

步骤三：揭秘

拉着孩子的手突然把盖子全部打开，配合着拟声词，如"哗啦""哇"等，和孩子一起探头看，然后把物品拿出来放到孩子手里，说"苹果"。

2. 连字成词阶段

步骤一：妈妈看

"宝宝，我们来玩'看看盒子里有什么'的游戏吧！"与孩子进行预热沟通后，你们面对面坐好，将其中一个已经放好物品的盒子摆放在中间，说"妈妈看看里面"，然后轻轻地打开盖子的一角，并迅速盖好，发出惊奇的拟声词，如"哦""咦""哇""哎呀呀"，然后问："盒子里有什么呢？"

步骤二：宝宝看

对孩子说："宝宝想看看盒子里有什么吗？"停顿一下，给孩子反应的时间，把盒子推到孩子面前，充满期待地看着他，配合着孩子打开盖子的动作，好奇地问："盒子里有什么呀？"

*注意：如果孩子无法完成或不愿意完成打开盖子的动作，家长可以协助完成。

步骤三：描述

随着孩子把盖子掀开的动作，家长可以在一旁配合着有趣的声音，如"哗啦""哇塞"等，然后和孩子一起探头看，把物品拿出来放到他手里，或等孩子伸手拿出物品，向他描述："一个苹果""圆圆的苹果""红红的苹果"。

* 注意：每次游戏时只选用一个描述，例如这次选用"圆圆的苹果"，下次选用"红红的苹果"。每次可以同时准备 3～4 个装了不同物品的盒子，轮流进行。

3. 连词成句阶段

步骤一：妈妈看

"宝宝，我们来玩'看看盒子里有什么'的游戏吧！"与孩子进行预热沟通后，你们面对面坐，将其中一个已经放好物品的盒子摆放在中间，说"妈妈看看里面"，然后轻轻地打开盒子盖子的一角，并迅速盖好，发出惊奇的拟声词，如"哦""咦""哇""哎呀呀"，然后问："盒子里有什么呢？"

步骤二：宝宝看

对孩子说："宝宝想看看有什么东西吗？"停顿一下，给孩子反应的时间，把盒子推到孩子面前，充满期待地看着他，配合着孩子打开盖子的动作，好奇地问："盒子里有什么东西呀？"

* 注意：如果孩子无法完成或不愿意完成打开盖子的动作，家长可以协助完成。

步骤三：描述

随着孩子把盖子掀开的动作，家长可以在一旁配合着有趣的声音，如"哗啦""哇"等，然后和孩子一起探头看，把物品拿出来放到他手里，或等孩子伸手拿出物品，向他描述："宝宝找到了苹果""是宝宝最喜欢吃的苹果""盒子里有一个苹果"。

*注意：每次游戏时只选用一个描述，例如这次选用"宝宝找到了苹果/小汽车/球球"，下次选用"是宝宝最喜欢吃的苹果/最喜欢玩的汽车"；每次可以同时准备3～4个装了不同物品的盒子，轮流进行。

游戏4：快乐阅读——做个小书虫

案例

我家小宝两周岁了，兴致来了会看绘本，但是基本不会超过两分钟。我有时候还没讲完一个故事，她就要抢过去自己翻。我们希望小宝喜欢看书，从小养成阅读习惯，但是她就是不配合，有什么方法可以吸引小宝看绘本或者听我读呢？

解决思路

1. 书中的图片是孩子认识世界的窗口

阅读是学习语言的重要途径。一项新的研究表明，孩子词汇量的多少取决于他听到的有意义的语篇数量，也就是说，给孩子读得越多，他的语言表达能力就发展得越快、越好。

2. 如何选孩子感兴趣的绘本

如今的绘本五花八门，家长常常无从下手，其实，在初步引导孩子开始阅读阶段，挑选绘本只有一个原则：挑选孩子感兴趣的。你可以通过下面两个途径轻松发现孩子的兴趣。

第一个途径是，在日常生活中仔细观察孩子感兴趣或喜欢的东西，从而挑选孩子可能感兴趣的绘本。例如你发现孩子很喜欢看鱼在水中游来游去，那么就可以直接选一些与鱼有关的绘本；如果孩子经常目不转睛地盯着马路上来来往往的车辆，那么就可以挑选一些与汽车有关的绘本。

第二个途径是，你可以根据一些绘本推荐清单，购买多本不同主题、不同风格的绘本，轮着给孩子试读几遍，在阅读过程中，观察他的反应。如果孩子被书中彩色的图画吸引，相对其他绘本来说，更能安静下来，没有表现出明显的不耐烦和注意分散，或者会主动、反复要求你给他讲某一本书，那么你可以尝试购买同一主题不同风格的绘本，培养孩子的阅读兴趣。例如我们家大儿子很喜欢一本叫《火车狂欢梦》的绘本，于是我们就购买了诸如《揭秘火车》《坐火车去旅行》《秘密火车》《火车轰隆隆》和《提多坐火车》等等与火车相关，但从科普、童话、幻想等不同角度、不同风格出发的火车绘本，扩展孩子对火车的认识，从中也学习了其他词汇。

试试这种游戏：做个小书虫

选好绘本，家长就可以跟孩子一起开始阅读啦，读的时候，注意以下几点。

1. 边读边指

给孩子看的书应当有清晰的图片，家长可以一边采用抑扬顿挫的方式朗读，一边为孩子在图片上指出书中提到的物体，让孩子把读音与物体联系起来，帮助他从中学习椅子、帽子和汽车等常用词汇，并多花时间给他讲解插图的意思。

2. 让孩子参与进来

如果孩子的情绪不错，家长可以鼓励孩子："宝宝帮妈妈翻页好不好呀？"随着孩子翻页的动作，家长可以同时发出翻页的拟声词"哗啦"，也可以提示孩子"翻下一页啦"。

＊注意：提示语应该根据孩子所处的语言水平调整，例如：

（1）连音成字阶段：家长向孩子示范翻页，同时配合拟声词"哗啦"。

（2）连字成词阶段：家长提示孩子"翻页啦"，由孩子来翻页，并配合着孩子翻页动作发出拟声词"哗啦"。

（3）连词成句阶段：家长可以稍微提升一点提示语的难度，例如提示孩子"翻下一页啦""再翻一页吧""翻到有火车的那一页吧"。

3. 请不要问："这是什么"

很多家长喜欢和孩子一边看绘本一边问孩子"这是什么"，试图通过提问来吸引孩子的注意力，其实这样反而破坏了孩子阅读的流畅性和专注力，甚至打消了他的阅读兴趣。阅读是一个连续的过程，是一个需要集中注意力的行为，而注意力在高度集中的状态下，如果被打断，人会下意识地表现出暴躁的情绪。正如我们在之前内容中提到过的，"是什么"这种试图通过提问测试孩子的行为,并非真正的交流,而是一个小测试。

4. 合理安排时间

家长也要根据孩子的注意力情况安排合适的阅读时间。如果在阅读过程中,孩子的注意力被其他事情吸引了,例如孩子想要玩玩具、做其他事情,或者家长发现孩子对该绘本没有太大的兴趣、读了一会儿就开始走神,心不在焉,那么这时就应该停止阅读,并且在短时间内尽量不选读该绘本或者该类绘本。然后在下一次阅读时,可以尝试看看其他风格或主题的绘本。如果家长发现孩子对于翻书和撕书更感兴趣,那么可以让孩子自己来主导,在不干扰孩子的前提下,家长也可以参与进来,例如在一旁配合孩子翻书或撕书的动作发出有趣的声音"哗啦"等,或者说"宝宝在翻书耶,翻来翻去,翻来翻去,真好玩"。结束阅读的时间也需要灵活把握,最好趁孩子兴致犹在时适时而止,这样读书对孩子来说才是愉悦的,并且会成为其享受一生的乐事。

5. 重复!重复!再重复!

重复很重要!一遍又一遍地阅读孩子喜欢的书,有用吗?作为家长,也许会抱有这样的疑问。反反复复地朗读同一本书,确实很考验家长的耐心,然而从孩子成长的角度来看,重复的作用却尤为重要。教育心理学家乔伊·海利(Joy Haley)在其著作《儿童的智力发展》一书中谈道:"活动必须重复许多次,才能在人的中枢神经系统中稳定固化。"换言之,重复给孩子朗读同一本绘本,有助于刺激他的脑细胞,让他把词语和所指代的事物联系起来。

游戏 5：快乐回应——迷你情景剧

案例

我家果果快 18 个月了，女宝宝。平时很少开口说清晰的词，有要求了就"嗯嗯""啊啊"，或者肢体语言表达。比如要喝水她会指水杯然后再指自己的嘴，要换尿布她会指尿布。我个人感觉她对我们说的话大多都能较好地理解，但就是不开口说，这该怎么办呢？

解决思路

案例中的孩子总是用肢体语言进行表达而不开口，父母也许会很挫败，不知道该如何应对。但是请记住，沟通远不止是说话那么简单！一个眼神、一个动作、一个表情都能向他人传达想法和情感。绝大多数语言研究者认为，肢体语言为语言的发展提供了至关重要的基础。通过肢体表达，让还不会说话、说得不好或者不愿意开口的孩子表达自己，理解他人，从而理解沟通的存在和意义，逐渐建立与外界沟通的途径。

孩子不会说话或者只会说一些简单的词汇，平时喜欢用咿呀声和肢体来表达，这种情况下，家长不要着急，不要试图用任何方法强迫孩子说话。不管孩子是以何种方式告诉你他的想法，都是孩子在尝试与你沟通，你要及时地做出回应，同时帮助孩子把他的想法用语言表达出来，以促进他的语言理解能力，即使你可能并不知道他想表达什么。例如当孩子指着不远处的汽车玩具，发出"啊啊啊"的声音时，父母可以说："宝宝是想要小汽车吗？是想让妈妈把小汽车拿过来吗？"可能有的家长会困惑：什么时候应该对孩子发出的声音进行模仿和重复？什么时候应该用语言说出孩子的想法呢？其实这两种方法并不冲突。

（1）在模仿和重复的同时，用语言说出孩子的想法以进行回应。例如上面提到的例子，当孩子指着不远处的汽车玩具，发出"啊啊啊"的声音时，家长可以先模仿"啊啊啊"，然后说："宝宝是想要小汽车吗？是想让妈妈把小汽车拿过来吗？"

（2）在玩耍和游戏中，可以以模仿和重复为主，说出想法为辅；在日常需求交流中，则主要通过"说出想法"来回应孩子。

试试这种游戏：迷你情景剧

我们的身体会说话，家长可以用生动有趣的表情、手势和动作，带孩子学习新词汇，让他学会用肢体动作或表情来表达这个新词。通过相应的示范，不仅能引起孩子的注意和兴趣，还能刺激他的听觉和语言表达能力。

家长可以借助一些道具来完成这个游戏，例如玩具餐具、玩偶等。

1. 连音成字阶段

步骤一：预热沟通

"宝宝，我们来玩'迷你情景剧'的游戏吧！"与孩子进行预热沟通后，你们面对面坐好，在孩子和自己面前分别放置一些道具。家长可以拿一个玩偶对孩子说："宝宝，今天是米奇（玩偶的名字）的生日，我们一起给米奇做一个蛋糕吧。"

步骤二：动手做

家长搓一搓双手说："好啦，我们要开始喽！"可以先拿起玩具鸡蛋，在孩子面前晃一晃，同时配合有趣的拟声词"噔噔噔噔"，引起孩子对鸡蛋的关注，然后在盆上磕一下，假装将鸡蛋打开，配合着拟声词"啪啦"。接着，拿起玩具牛奶，在孩子面前晃一晃，同时配合有趣的拟声词"噔噔噔噔"，引起孩子对牛奶的关注，然后假装倒牛奶，配合着拟声词"哗"。然后，拿起玩具面粉，在孩子面前晃一晃，同时配合有趣的拟声词"噔噔噔噔"，引起孩子对面粉的关注，然后假装撒面粉，配合着拟声词"哗"。把所有玩具食材都放好后，拿起搅拌棒，在孩子面前晃一晃，同时配合有趣的拟声词"噔噔噔噔"，引起孩子对搅拌棒的关注，用搅拌棒在料理盆里做搅拌动作，同时配合有趣的拟声词"哗啦哗啦"，家长也可以轻轻握着孩子的手协助完成动作。

步骤三：鼓励

在完成以上所有动作之后，家长可以给孩子鼓鼓掌，或者与孩子做击掌动作，或者摸摸孩子的头，用愉悦的声音对他说："太棒了，我们完成啦！"

*注意：在孩子熟悉游戏规则后，家长每次用玩具食材吸引孩子的注意后，将玩具食材放到孩子手里，让他自己完成接下来的放入动作。

2. 连字成词阶段

步骤一：预热沟通

"宝宝，我们来玩'迷你情景剧'的游戏吧！"与孩子进行预热沟通后，你们面对面坐好，在孩子和自己面前分别放置一些道具。家长可以拿一个玩偶对孩子说："宝宝，今天是米奇（玩偶的名字）的生日，我们一起给米奇做一个蛋糕吧。"

步骤二：动手做

家长搓一搓双手说："好啦，我们要开始喽！"可以拿起玩具鸡蛋，在孩子面前晃一晃，同时说："宝宝看，这是鸡蛋"，引起孩子对鸡蛋的关注，然后在盆上磕一下，假装将鸡蛋打开，配合着拟声词"啪啦"。接着拿起玩具牛奶，在孩子面前晃一晃，同时说："宝宝看，这是牛奶"，引起孩子对牛奶的关注，然后假装倒牛奶，配合着拟声词"哗"。然后，拿起玩具面粉，在孩子面前晃一晃，同时说："宝宝看，这是面粉"，引起孩子对面粉的关注，然后假装撒面粉，配合着拟声词"哗"。把所有玩具食材都放好后，拿起搅拌棒，在孩子面前晃一晃，同时说："宝宝看，这是搅拌棒"，引起孩子对搅拌棒的关注，然后用搅拌棒在料理盆里做搅拌动作，同时说："搅拌，搅拌"，家长也可以轻轻握着孩子的手协助完成动作。

步骤三：鼓励

在完成以上所有动作之后，家长可以给孩子鼓鼓掌，或者与孩子做击掌动作，或者摸摸孩子的头，用愉悦的声音对他说："太棒了，我们完成啦！"

3. 连词成句阶段

步骤一：预热沟通

"宝宝，我们来玩'迷你情景剧'的游戏吧！"与孩子进行预热沟通后，你们面对面坐好，在孩子和自己面前分别放置一些道具。家长可以拿一个玩偶对孩子说："宝宝，今天是米奇（玩偶的名字）的生日，我们一起给米奇做一个蛋糕吧。"

步骤二：动手做

家长搓一搓双手说："好啦，我们要开始喽！首先，要打一个鸡蛋。"拿起玩具鸡蛋，在盆上磕一下，假装将鸡蛋打开，配合着拟声词"啪啦"。接着说："再倒一些牛奶。"拿起玩具牛奶，假装倒，配合着拟声词"哗"。然后说："再撒一些面粉。"拿起玩具面粉，假装撒，配合着拟声词"哗"。"我们还需要搅拌一下，宝宝帮忙搅拌吧。"把搅拌棒拿给孩子示意他做动作，也可以轻轻握着孩子的手协助完成动作。"最后，咱们把蛋糕盆放进烤箱吧。"假装打开烤箱门，把盆放进去，再关上烤箱门，然后吸一吸鼻子，做出"闻"的动作说："啊，妈妈闻到香味啦，好香啊，宝宝闻到了吗？"期待地看着孩子，观察他的反应。

步骤三：鼓励

在完成以上所有动作之后，家长可以给孩子鼓鼓掌，或者与孩子做击掌动作，或者摸摸孩子的头，用愉悦的声音对他说："太棒了，我们完成啦！我们一起吃蛋糕吧！"然后做出假装吃的动作，同时说："啊呜啊呜，嗯，真好吃！"

*注意：家长也可以采用真实的材料做蛋糕，或者在日常做烘焙的时候，让孩子参与进来，效果会更好。等孩子熟悉游戏规则后，家长可以让孩子来主导游戏："今天是米奇的生日，宝宝给米奇做一个蛋糕吧。"

游戏 6：快乐交流——咚咚咚，谁在敲门

案例

我家孩子 14 个月了，我们平时基本按照专家和老师说的，经常跟孩

子说话聊天。虽然孩子嗯嗯啊啊的，感觉好像很有表达欲，但就是没开口说几个词。是我们与孩子交流的方式不对吗？

解决思路

1. 了解应该如何和孩子交流

很多家长可能会困惑，因为他们严格遵从了专家提出的"要和宝宝多说话"的原则，在日常生活中总是有意识地"喋喋不休"，给孩子足够的语言刺激，但是孩子依然"惜字如金"。是的，有的家长也许能做到无论是专心陪伴孩子还是在一旁干家务，都能抓住机会跟孩子说一大堆话，例如给他描述自己正在做什么："宝宝你看，妈妈正在给你做午餐，今天我们要吃胡萝卜炒鸡蛋，妈妈先把胡萝卜削皮，看，削好啦。"类似的对话其实对孩子语言的发展是很有好处的：让孩子感受语言的节奏、音调等，也与孩子保持密切的联系。但是，对于 2 岁以下正处于语言发育期的孩子而言，以上那段提到"午餐""胡萝卜""鸡蛋""胡萝卜炒鸡蛋"等多个名词的"长篇大论"，孩子会应接不暇，无法很好理解，更别说掌握了。

2. 说简单、简短的句子，但要完整

家长要懂得使用恰当的语言与孩子对话，对于幼儿期的儿童，尽量使用简短但完整的句子，语调要抑扬顿挫，语速要慢，词与词之间要停顿，而且要尽量将同一个词语反复用在一连串不同的短句中，让孩子在不同的语境中多次听到同一个词语，这样他才能够完全理解并记住它。例如"这是一个胡萝卜，胡萝卜是橙色的，胡萝卜可以吃。"你还可以把胡萝卜拿到孩子面前，让他摸一摸，看一看。

3. 等待 10 秒钟：给孩子回答的时间

每次对话时，尽量与孩子面对面，让孩子清楚意识到"啊，妈妈在和我说话"，同时要记住：给孩子足够的时间回答是非常重要的！你说完后，一定要暂停一下，等待几秒钟，观察孩子的反应，并给他回答的时间。

试试这种游戏：咚咚咚，谁在敲门

学习与人交谈，即使是想象中的交谈，也会促进孩子的语言发展和社交能力。大部分孩子都喜欢玩假装游戏，因为这是他们了解成人世界的一面镜子，是模仿现实生活的渠道。孩子通过角色扮演游戏，学习换位思考，同时提升想象力、观察力、思维能力和解决问题的能力等。

在玩这个游戏时，家长可以借助一些道具，例如用动物玩偶作为敲门的人，用一块小纸板作为门。

1. 连音成字阶段

步骤一：选角色

"宝宝，我们来玩'咚咚咚，谁在敲门'的游戏吧！"与孩子进行预热沟通后，你们面对面坐好。家长选定一个角色，例如本人，然后在中间竖起小纸板，挡住孩子的视线。

步骤二：敲门

家长在小纸板上敲三下，配合着拟声词"咚咚咚"，停顿 2 秒，然后问："是谁呀？"等待 5 秒左右。

步骤三：开门

家长快速拿开小纸板，配合着惊奇的拟声词，例如"咦""哇""噢""呀"，用手指指自己，说："是妈妈！"然后向孩子挥一挥手，说："你好呀！"

*注意：每次游戏时，只选用一个角色，加强孩子的认知。选用的角色可以家长自己扮演，也可以用玩偶来代替，同时配合角色相应的叫声，例如"是小狗，汪汪汪！"，同时摇动小狗玩偶，用玩偶做出小狗叫的动作。如果孩子愿意参与进来，家长可以与孩子互换角色，例如由孩子来敲门，家长询问"是谁呀"，孩子回答"汪汪汪"。

2. 连字成词阶段

步骤一：选角色

"宝宝，我们来玩'咚咚咚，谁在敲门'的游戏吧！"与孩子进行预热沟通后，你们面对面坐好。家长选定一个角色，例如小狗，然后在中间竖起小纸板，挡住孩子的视线。

步骤二：敲门

家长在小纸板上敲三下，配合着拟声词"咚咚咚"，停顿2秒，然后问："是谁在敲门呀？"等待5秒左右。

步骤三：开门

家长快速拿开小纸板，配合着惊奇的拟声词，例如"咦""哇""噢""呀"，然后拿着小狗玩偶向孩子示意，说："是小狗，是小狗在敲门！小狗你好呀！"

*注意：每次游戏时，只选用一个角色，加强孩子的认知。如果孩子愿意参与进来，家长可以与孩子互换角色，例如由孩子来敲门，家长询问"是谁在敲门呀"，孩子回答："是小狗，汪汪汪。"

3. 连词成句阶段

步骤一：选角色

"宝宝，我们来玩'咚咚咚，谁在敲门'的游戏吧！"与孩子进行预热沟通后，你们面对面坐好。家长选定一个角色，例如小狗，然后在中间竖起小纸板，挡住孩子的视线。

步骤二：敲门

家长在小纸板上敲三下，配合着拟声词"咚咚咚"，停顿 2 秒，然后问："是谁在敲门呀？"等待 5 秒左右。

步骤三：开门

家长快速拿开小纸板，配合着惊奇的拟声词，例如"咦""哇""噢""呀"，然后拿着小狗玩偶向孩子示意，说："是小狗，是小狗在敲门！是汪汪叫的小狗在敲门！小狗你好呀！"

*注意：每次游戏时，只选用一个角色，加强孩子的认知。长的描述性话语中可以灵活应用不同的形容词，例如"是汪汪叫的小狗""是毛茸茸的小狗""是可爱的小狗""是淘气的小狗"等，但每次游戏时，只选用一个形容词。

游戏 7：快乐思考——猜猜我是谁

案例

小柚子 7 个月就开始嗯嗯啊啊的了，我们看到育儿书上说，要让孩子多表达，就应该多发问。一开始孩子会回答我们，现在我们再问问题，小柚子根本就不理我们了，开口也越来越少了，是不是我们问的方法不太对？

解决思路

很多家长能难控制自己想通过提问让孩子说话的欲望。在前面我们曾经提到过，家长在与孩子交流时，不要让提问题成为强迫孩子说话和测试孩子能力的方法，例如"这是什么""小狗是怎么叫的"，但是，随着孩子语言交流能力的提升，恰当地提问题能促进他开动脑筋进行思考、帮助他找出解决问题的办法以及激发他表达的欲望。

（1）探寻想法式提问。可以问孩子你不知道答案的问题，例如"宝宝是想吃苹果还是想吃梨""宝宝今天在幼儿园开心吗"。

（2）厘清思路式提问。例如家长在和孩子玩医生与病人的扮演游戏，家长扮演病人时可以问："医生，我需要吃药还是打针啊？"

（3）解决问题式提问。例如在孩子拼拼图遇到困难时，家长可以说："咦，把那个拼图反过来，会怎么样呢？"

需要注意的是，请不要让提问题成为交流的主要方式，也不能仅仅为了让孩子说话而提问。当孩子没有回应的时候，家长可以采用自问自答的方式或者转移到下一个话题。

试试这种游戏：猜猜我是谁

假装游戏最适合作为"你一言，我一语"轮转交流的亲子活动，在假装游戏中提问题不容易让孩子感到拘束，从而抑制他们的交流欲望。家长可以通过愉快的玩耍来实现与孩子"你来问，我来答"的互动。

在玩这个游戏时，家长可以准备一个带盖的小盒子和一些动物玩偶。

1. 连音成字阶段

步骤一：选角色

"宝宝，我们来玩'猜猜我是谁'的游戏吧！"与孩子进行预热沟通后，你们面对面坐好。将各种玩偶放在孩子附近，小盒子放在中间，家长闭上眼睛，让孩子挑选一个玩偶放进盒子里并盖好。在孩子完成动作的过程中，家长可以闭着眼睛适当用语言提醒，例如"妈妈数到10就睁开眼睛哦，1、2……"

* 注意：家长也可以鼓励孩子发出声音提醒自己睁开眼睛，例如"嗯嗯""咚咚"，或者用手敲敲盒子。

步骤二：猜一猜

家长准备睁开眼睛前，可以问："藏好了吗？我要睁开眼睛喽！"睁开眼睛后，好奇地在小盒子上敲几下，配合着拟声词"咚咚咚"。然后问："哦？是谁呀？是汪汪汪吗？"等待几秒，观察孩子的反应。如果孩子摇头，家长可以继续问："不是呀。那是喵喵喵吗？"

* 注意：家长可以主要采用小动物的叫声来与孩子互动。

步骤三：揭秘

得到孩子肯定的回答后，家长可以打开盖子，配合着惊奇的拟声词，例如"咦""哇""噢""呀"，然后取出玩偶，对着孩子发出与玩偶角色相应的叫声，例如发出"汪汪汪"的叫声，并且告诉他"这是小狗"。

*注意：如果孩子比较熟悉游戏规则并愿意主导游戏，家长可以与孩子互换角色，由孩子来猜。如果孩子还不认识常见的动物，可以先由两位家长示范，即一位家长来猜，一位家长来答，孩子在一旁观察，多示范几次，引起他的兴趣并熟悉游戏规则，然后再引导他参与进来。

2. 连字成词阶段

步骤一：选角色

"宝宝，我们来玩'猜猜我是谁'的游戏吧！"与孩子进行预热沟通后，你们面对面坐好。将各种玩偶放在孩子附近，小盒子放在中间，家长闭上眼睛，让孩子挑选一个玩偶放进盒子里并盖好。在孩子完成动作的过程中，家长可以闭着眼睛适当用语言提醒，例如"妈妈数到10就睁开眼睛哦，1、2……"

步骤二：猜一猜

家长准备睁开眼睛前，可以问："藏好了吗？我要睁开眼睛喽！"睁开眼睛后，好奇地在小盒子上敲几下，配合着拟声词"咚咚咚"。然后问："哦？是谁呀？是小狗吗？"等待几秒，观察孩子的反应。如果孩子摇头，家长可以继续问："不是呀，那是小猫吗？"

步骤三：揭秘

得到孩子肯定的回答后，家长可以打开盖子，配合着惊奇的拟声词，例如"咦""哇""噢""呀"，然后取出玩偶，对着孩子发出与玩偶角色相应的叫声，例如发出"汪汪汪"的叫声，并告诉他"这是毛茸茸的小狗"。

* 注意：每次游戏时，只用一个形容词来描述动物，例如第一天的游戏是"汪汪叫的小狗""喵喵叫的小猫""唧唧叫的小鸟"，第二天的游戏可以换作"毛茸茸的小狗""毛茸茸的小猫""毛茸茸的小兔子"，第三天的游戏可以换作"四条腿的小狗""四条腿的小猫""两条腿的小鸡"等。如果孩子比较熟悉游戏规则并愿意主导游戏，家长可以与孩子互换角色，让孩子来猜。

3. 连词成句阶段

步骤一：选角色

"宝宝，我们来玩'猜猜我是谁'的游戏吧！"与孩子进行预热沟通后，你们面对面坐好。将各种玩偶放在孩子附近，小盒子放在中间，家长闭上眼睛，让孩子挑选一个玩偶放进盒子里并盖好。在孩子完成动作的过程中，家长可以闭着眼睛适当用语言提醒，例如"妈妈数到 10 就睁开眼睛哦，1、2……"

步骤二：猜一猜

家长准备睁开眼睛前可以问："藏好了吗？我要睁开眼睛喽！"睁开眼睛后，好奇地在小盒子上敲几下，配合着拟声词"咚咚咚"。然后问："哦？是谁呀？是毛茸茸的吗？"等待几秒，观察孩子的反应。如果孩子点头，家长可以继续问："是毛茸茸的，那请问是四条腿的吗？"如果孩子点头，家长可以继续追问："是毛茸茸的、四条腿的，那请问是喜欢汪汪叫的吗？"如果孩子点头，家长可以说："噢，我知道啦！是小狗！"

步骤三：揭秘

得到孩子肯定的回答后，家长可以打开盖子，配合着惊奇的拟声词，例如"咦""哇""噢""呀"，然后取出玩偶，对着孩子发出与玩偶角色相应的叫声，例如发出"汪汪汪"的叫声，并告诉他"是毛茸茸的、长了四条腿的、喜欢汪汪叫的小狗"！

*注意：如果孩子比较熟悉游戏规则并愿意主导游戏，家长可以与孩子互换角色，让孩子来猜。

游戏 8：快乐想象——呜呜，出发啦

案例

我家孩子是男宝宝，已经 19 个月了，但是吐字不清，还经常说得很乱，发音也很奇怪。比如说，把鞋子叫"yeye"，把水叫"ruirui"，怎么办？

孩子爱说自创词需要纠正吗？如把汽车说成"呜啊呜"，把东西丢到地上说"蛋蛋了"。

解决思路

1. 对孩子所说的话进行适当的补充和完善

对于幼儿期的孩子，无论说得好还是说得不好，都会出现发音不准确、咬字不清和句子不流畅、不完整的现象，因为他们还记不住所有词

的发音，没有掌握足够多的词汇来表达自己的想法。在这个阶段，帮助孩子发展语言能力最有效的方法，就是对他所说的话进行适当的补充和完善，换言之就是用发音正确、符合语法结构的短句将孩子想说的话完整地重述，并在重述的基础上做适当的扩展。

但是，很多家长容易混淆重述与纠正这两个概念。例如当孩子发现一只小狗，兴奋地拉着妈妈想和她分享，指着小狗说："gege"，大部分家长的第一反应可能是重复孩子的发音"gougou"，甚至有的家长还会要求孩子反复练习，直到孩子能说出正确的发音为止。我们发现大部分本来说话说得挺好，但是说着说着就不愿意再开口的这类孩子的家长往往都会存在这样的问题：总是在孩子说话的时候，不停地纠正孩子的发音和语法。正因为这种负面的纠正，让孩子失去了说话的兴趣，变得沉默寡言，越来越不愿意说话。

2. 重述的黄金法则：是的

如何做到正确重述呢？家长应该遵守一条黄金法则：在重述孩子的话之前，用"是的"开头。例如如果孩子指着一只小狗说"gege"，那么家长就可以回应说："是的，那是一只狗狗。"如果孩子说"狗狗叫"，那么家长可以回应说："是的，狗狗在汪汪叫呢。"如果孩子说"宝宝苹果吃"，那么家长则可以说："是的，宝宝在吃苹果。"千万不要让孩子感觉你是在纠正他的错误，家长只有恰当地完善孩子说的话，孩子才能够更快地说出更长的句子。

试试这种游戏：呜呜，出发啦

幼儿期是孩子想象力最丰富的时期，家长可以带着孩子进行一场幻想中的火车之旅，鼓励孩子大胆地想、大胆地说。

1. 连音成字阶段

步骤一：预热沟通

"宝宝，我们来玩'呜呜，出发啦'的游戏吧！"与孩子进行预热沟通后，让他背靠着坐在家长的腿上，家长环抱着孩子，两只手分别握着孩子的两只手，其中一只手假装拉响汽笛，配合汽笛拟声词"呜呜"，然后大声宣布："小火车要出发啦！"

步骤二：出发啦

家长轻轻晃动双腿，握着孩子的双手假装握着方向盘来回转动，配合着"哐当哐当，呜呜"的声音，然后说："第一站，小狗的家！"

*注意：家长可以选用孩子喜欢的物体作为站点，例如孩子喜欢家里的粉红洋娃娃，就可以说："第一站，粉红洋娃娃的家！"

步骤三：障碍物

在"行驶"过程中，家长还可以来回摆动身体，假装行进中的火车正在拐弯，并说："哐当哐当哐当哐当，哦哦，火车要拐弯啦！乘客坐稳啦！"还可以稍微俯下身子，假装穿越隧道，提醒说："噢，要穿越隧道了，小心！低头！"

步骤四：到站啦

快要到达目的地时，家长可以说："我们马上要到达小狗家啦，准备停车靠站！"然后身子稍微往后仰，握着孩子一只手往后拉假装拉手刹，配合着"嘎吱吱吱吱"的拟声词,说:"我们到站啦,请下车!"

＊注意:到达目的地后,家长可以重复上面的步骤,选定下一个目的地;家长可以给孩子多示范几次,等孩子比较熟悉游戏后,可以让他尝试模拟火车的声音,例如"呜呜""哐当哐当""嘎吱吱吱吱"等。

2. 连字成词阶段

步骤一:预热沟通

"宝宝,我们来玩'呜呜,出发啦'的游戏吧!"与孩子进行预热沟通后,让他背靠着坐在家长的腿上。家长环抱着孩子,两只手分别握着孩子的两只手,其中一只手假装拉响汽笛,配合汽笛拟声词"呜呜",然后大声宣布:"小火车要出发啦!"

步骤二:出发啦

家长轻轻晃动双腿,握着孩子的双手假装握着方向盘来回转动,配合着"哐当哐当,呜呜"的声音,然后问孩子:"我们第一站要去哪里呀?"如果孩子说"厨房",家长就可以回应:"没问题,站长!第一站,厨房,出发!"

＊注意:如果孩子没有回应,家长可以尝试采用征求意见或者提供选择的方式让孩子参与进来,例如"我们是去小狗家还是去小猫家""我们去小狗家好不好"。

步骤三:障碍物

在"行驶"过程中,家长还可以来回摆动身体,假装行进中的火车正在拐弯,并说:"哐当哐当哐当哐当,哦哦,火车要急转弯啦!乘客坐稳啦！减速减速！"还可以稍微俯下身子，假装穿越隧道，提醒说："噢，要穿越黑漆漆的隧道了，小心！低头！"

*注意：家长可以尝试给孩子描绘一下沿路的风景，例如："哇，我们要穿越一条又高又长的跨海大桥啦！"

步骤四：到站啦

快要到达目的地时，家长可以说："我们马上要到达小狗家啦，准备停车靠站！"然后身子稍微往后仰，握着孩子一只手往后拉假装拉手刹，配合着"嘎吱吱吱吱"的拟声词，说："我们到站啦，所有乘客请带好行李，准备下车啦！"

*注意：到达目的地后，家长可以重复上面的步骤，选定下一个目的地。

3. 连词成句阶段

步骤一：预热沟通

"宝宝，我们来玩'呜呜，出发啦'的游戏吧！"与孩子进行预热沟通后，让他背靠着坐在家长的腿上。家长环抱着孩子，两只手分别握着孩子的两只手，其中一只手假装拉响汽笛，配合汽笛拟声词"呜呜"，然后大声宣布："小火车要出发啦！"

步骤二：出发啦

家长轻轻晃动双腿，握着孩子的双手假装握着方向盘来回转动，配合着"哐当哐当，呜呜"的声音，然后问孩子："我们第一站要去哪里呀？"如果孩子说"小狗家",家长就可以回应:"没问题,站长！第一站,小狗家,出发！"

步骤三：障碍物

在"行驶"过程中,家长还可以来回摆动身体,假装行进中的火车正在拐弯,并问孩子:"哐当哐当,哦哦,火车怎么啦？为什么倾斜了呀？"等待孩子的回应；在俯下身子、假装穿越隧道时问孩子:"噢噢噢,火车发生什么情况啦？为什么黑漆漆的呀？什么都看不见呀？"等待孩子的回应。

*注意：如果孩子没有回应,家长可以自问自答,例如:"噢噢噢,火车发生什么情况啦？为什么黑漆漆的呀？什么都看不见？哇,原来是进入隧道了！小心！低头！"

步骤四：到站啦

快要到达目的地时,家长可以说:"我们马上要到达小狗家啦,准备停车靠站！"然后身子稍微往后仰,握着孩子一只手往后拉假装"拉手刹",配合着"嘎吱吱吱吱"的拟声词,说:"我们到站啦,所有乘客请带好行李,准备下车啦！"

写在最后

一个"聪明伶俐"的孩子，可能有多种类型的外在表现：从流利表达自己的想法到登台演讲不怯场，到能体会诗歌中的审美信息。这些表现其实都有一个相当大的共性：对语言的深度认知能力。这种对语言的深刻理解，有很多种表现形式，也从不同角度促进了孩子的发展。

最基本的当属"听说读写"这类对语言本身的运用。除此之外，对语言里隐含的情绪情感信息的理解，也会直接影响孩子的社交技能。孩子熟悉了复杂的语言形态，也有助于他们更好地分析消化外界信息。与此同时，良好的公众表达和写作能力，也会直接影响孩子的自信心。

语言对于孩子的发展，有着远超语言本身的影响力。然而，优质的语言能力并不完全是天生的。虽然把孩子放进人群中，不刻意教他，他也同样能学会说话，并掌握这一技能，但掌握孩子语言发展的规律，更多地帮助他进行有针对性的"刻意练习"，仍然有着绝对的必要性。父母不刻意管理，孩子"学得会"说话；父母加以管理，孩子才能"学得好"说话。说白了，家长与孩子多说话，说对话，好好说话，是孩子拥有优质语言能力的先决条件。父母与孩子多说话，可以说是亲子间回报最高的一种互动了。

在一个饭局上，一个朋友和他儿子的互动可以很好地说明这一点。朋友在谈话中提到了"先生"这个词，他儿子立刻问他："爸爸，有'先生'，那有'后生'吗？"朋友并没有对孩子的反应一笑而过，而是立刻脱离了与我们这些成人的交流，开始和孩子探讨起"后生"的问题来：从这个词是否存在，一直聊到这个词在使用场合上与"先生"的区别。

植物的生长需要土壤、水分、阳光。语言的发展也是一样的，孩子只有更多更广地接触词汇、句型、语言情境，他的语言才能得到更好的发展。家长与孩子的交流，不仅仅可以帮助孩子积累语言素材，更是提供了一个让孩子放心说话的机会，同时也能让他及时修正语言使用中的错误。

语言还能反哺关系。人是具有社交属性的生物，积极的交流本来就可以促进人与人之间的关系。朋友间的聚餐，情侣间的约会，都在依靠语言交流增进感情。我们和孩子之间的关系也不例外，开心的交谈与互动是使关系更进一步的燃料。

不仅是亲子关系，其他关系也往往以语言作为重要载体。我们都知道，"能说话"和"会说话"是有本质区别的。字典恐怕很难描述一个词在不同场景下所隐藏的情绪含义和社交隐喻。比如"好不好"这个词，有可能是问询，有可能是请求，甚至有可能是命令。孩子与外界进行口语交流时，会增加他接触的词汇量，更会增加这些词背后深层含义的展现机会。词义在很多时候不能完全代表语意，而大量的交谈，就会让孩子对不同的语意有更多的了解。

因为与孩子的对话益处多多，所以家长需要培养自己与孩子交谈的能力。在亲子对话中，有的家长一厢情愿地按照自己"想当然"的方法来和孩子交流；有的家长与孩子共处同一空间时，彼此都不知道该聊些什么。而这也是本书的意义所在：家长们都知道语言的重要性，却不一定知道如何帮助孩子和语言成为要好的"朋友"。

所以我们从怀孕伊始,一直谈到了孩子能够流畅表达的年龄,将那些来自心理学、语言学和教育学的研究成果,新手父母需要避免的误区,跟孩子说话时可以采用的技术,以及我们自己的育儿经分享给你。希望这些知识能够帮到你,更希望借助这些文字,让你的孩子拥有更强的语言能力。

不少心理学家认为,语言这种高级符号系统是人与其他动物之间最本质的区别。我想,运用这个系统的能力,恐怕也是人与人之间的重要区别,而这个能力的起点,便是家长与孩子之间到底有没有"好好说话"。

参考文献

第 1 章

[1] Laplante D P, et al. Project Ice Storm: Prenatal Maternal Stress Affects Cognitive and Linguistic Functioning in 5.5 Year Old Children [J]. J Am Acad Child & Adol Psych, 2008, 47（9）: 1063-1072.

[2] Huizink A C, et al. Psychological Measures of Prenatal Stress as Predictors of Infant Temperament [J]. J Am Acad Child & Adol Psych, 2008, 41（9）: 1078-1085.

[3] Beydoun H, and A F Saftias. Physical and Mental Health Outcomes of Prenatal Maternal Stress in Human D and Animal Studies: A Review of Recent Evidence [J]. Pediatr Perinat Epidem, 2008, 22（5）: 438-466.

[4] Gutteling B M, et al. Does Maternal Prenatal Stress Adversely Affect the Child's Learning and Memory at Age Six [J]. J Abnorm Child Psychol, 2006, 34（6）: 789-798.

[5] Secki J R. Glucocorticoids, Developmental Programming and the Risk of Affective Dysfunction [J]. Prog Brain Res, 2008（167）: 17-34.

[6] 罗伯特·费尔德曼. 发展心理学: 人的毕生发展 [M]. 6 版. 苏彦捷, 邹丹, 等译. 北京: 世界图书出版公司, 2013.

[7] 李鹏超, 金心怡, 孙忠强, 何洁. 幼儿对交流过程中信息传递的理解 [J]. 应用心理学, 2018, 24（3）: 243-251.

[8] 宋新燕, 孟祥芝. 婴儿语音感知发展及其机制 [J]. 心理科学进展, 2012, 20（6）: 843-852.

[9] 皮忠玲, 莫书亮. 婴儿心理理论的发展: 表现和机制 [J]. 心理科学进展, 2013,

21（8）：1408-1421.

[10] 叶攀琴，李富洪，陈庆飞，乔婧，李红. 幼儿语言发展中的形状偏好现象及其认知机制 [J]. 心理科学进展，2012，20（5）：690-697.

[11] 白琼英，李红. 0-1.5岁婴儿表征能力的研究概述 [J]. 心理科学进展，2002，10（1）：57-64.

[12] 刘文理，杨玉芳，伊廷伟. 婴儿期母语音位范畴习得：来自言语知觉的证据 [J]. 心理科学进展，2008，16（1）：42-49.

[13] "Language Development" Paul C Holinger, Aug 29, 2017, accessed Aug 4, 2019, https://www.psychologytoday.com/blog/great-kids-great-parents/201708/language-development.

[14] 韩映虹，刘妮娜，闫国利，刘健. 自主阅读和伴读方式下3～4岁幼儿图画书阅读的眼动研究 [J]. 心理发展与教育，2011，27（4）：394-400.

[15] 刘妮娜，王静，韩映虹，徐振平. 自读、伴读和指读对2～3岁幼儿图画书阅读中文字注视的影响 [J]. 心理发展与教育，2014，30（1）：39-45.

[16] 周晖，张豹. 幼儿早期阅读水平的发展——横断和追踪研究 [J]. 心理发展与教育，2008（4）：13-18.

[17] 赵瑾东，周晖，陈晓. 幼儿书目清单的编制及其与口头词汇的关系 [J]. 心理发展与教育，2008（1）：14-18.

[18] 李虹，舒华，彭虹，雷霖，邢爱玲. 配对联想学习能力和语音意识在汉语儿童早期阅读中的作用 [J]. 心理科学，2006（3）：546-549.

[19] 严春容. 语音意识与儿童阅读能力获得和发展的关系 [J]. 开封教育学院学报，2017，37（12）：45-46.

第2章

[1] Rescorla L. Language and reading outcomes to age 9 in late-talking toddlers [J]. Journal of speech, language, and hearing research, 2002, 45（2）：360-371.

[2] Rescorla L. Do late-talking toddlers turn out to have reading difficulties a decade later [J]. Annals of dyslexia, 2000, 50（1）：85-102.

[3] Fernald A, Marchman V A. Individual differences in lexical processing at 18 months predict vocabulary growth in typically developing and late-talking toddlers [J]. Child development, 2012, 83（1）: 203-222.

[4] Preston J L, Frost S J, Mencl W E, Fulbright R K, Landi N, Grigorenko E, ... Pugh K R. Early and late talkers: school-age language, literacy and neurolinguistic differences [J]. Brain, 2010, 133（8）: 2185-2195.

[5] Vihman M M, Keren-Portnoy T, Whitaker C, Bidgood A, McGillion M. Late talking toddlers: Relating early phonological development to later language advance [J]. York Papers in Linguistics, 2013, 2（13）: 47-68.

[6] 陈宝国, 彭聃龄. 语言习得的关键期及其对教育的启示 [J]. 心理发展与教育, 2001, 17（1）: 52-57.

[7] Perry G. Talk to Me, Baby! How You Can Support Young Children's Language Development [J]. YC Young Children, 2010, 65（1）: 112.

[8] Rescorla L, Mirak J, & Singh L. Vocabulary growth in late talkers: Lexical development from 2;0 to 3;0 [J]. Journal of child language, 2000, 27（2）: 293-311.

[9] Lyytinen P, Eklund K, & Lyytinen H. Language development and literacy skills in late-talking toddlers with and without familial risk for dyslexia [J]. Annals of dyslexia, 2005, 55（2）: 166-192.

[10] Nematzadeh A, Fazly A, & Stevenson S. A computational study of late talking in word-meaning acquisition [J]. In Proceedings of the Annual Meeting of the Cognitive Science Society, 2011, 33（33）: 705-710.

[11] 常欣, 刘雨婷, 王沛, 等. 音乐干预对自闭症儿童语言障碍的影响 [J]. 心理科学进展, 2016（9）: 1391-1397.

[12] 盖笑松, 杨薇, 邰宇. 儿童语言样本的分析技术 [J]. 心理科学进展, 2009（6）: 1242-1249.

[13] 任桂琴, 陈烜之, 邹晓燕, 曲可佳. 幼儿汉语口语感知特点及神经机制 [J]. 心理科学进展, 2016, 24（1）: 1-8.

[14] Trainor L J, Austin C M, & Desjardins R N. Is infant-directed speech prosody a result of the vocal expression of emotion [J]. Psychological science, 2000, 11（3）: 188-195.

[15] Golinkoff R M, & Hirsh-Pasek K. Baby wordsmith: From associationist to social sophisticate [J]. Current Directions in Psychological Science, 2006, 15（1）: 30-33.

[16] 孙燕青. 重述：第二语言学习中的重要反馈方式 [J]. 心理发展与教育, 2005, 21（4）: 116-121.

[17] Vigil D C, Hodges J, & Klee T. Quantity and quality of parental language input to late-talking toddlers during play [J]. Child Language Teaching and Therapy, 2005, 21（2）: 107-122.

[18] 史蒂芬·平克. 语言本能：人类语言进化的奥秘 [M]. 欧阳明亮, 译. 杭州：浙江人民出版社, 2015.

[19] 荆伟, 方俊明. 婴幼儿词语习得中的社会性认知加工过程 [J]. 心理科学进展, 2013, 21（5）: 837-846.

[20] 王立新, 彭聃龄. 家庭游戏情境对母婴交流行为的影响 [J]. 心理发展与教育, 2004, 20（3）: 11-15.

[21] 曾涛, 段妞妞. 词汇飞跃：早期语言发展的里程碑 [J]. 心理科学, 2014, 37（3）: 587-592.

[22] 朱莉琪, 孟祥芝. 儿童早期词汇获得的跨语言／文化研究 [J]. 心理科学进展, 2011, 19（2）: 175-184.

[23] 陈杰, 孟祥芝. 成人言语输入对儿童早期单词获得影响的个案追踪 [J]. 心理学报, 2009, 41（8）: 715-725.

[24] 王悦, 陈俊, 张积家. 方言与普通话并用：双言心理研究述评 [J]. 心理科学进展, 2012, 20（8）: 1243-1250.

[25] 崔占玲, 王德强. 少数民族双语者的语言表征和语言联系 [J]. 心理科学进展, 2012, 20（8）: 1222-1228.

[26] 刘晓瑜, 何朝丹, 陈俊, 等. 熟练粤－普双言者的双言认知控制机制——来自双任务切换范式的行为研究证据 [J]. 心理学报, 2015, 47（4）: 439-454.

[27] 张积家, 张凤玲. 双语和双言对图片命名和分类的不对称影响 [J]. 心理学报, 2010, 42（4）: 452-466.

[28] 麦穗妍, 陈俊. 非熟练潮－粤双言者的语义通达：来自听觉词加工的证据 [J]. 心理学报, 2014, 46（2）: 227-237.

[29] 张积家, 张倩秋. 普通话和粤语记忆中的语言依赖效应 [J]. 心理学报, 2006, 38（5）: 633-644.

[30] 陈俊, 苏玲, 张积家, 等. 双言舌尖现象的产生机制：来自粤语－普通话双言者的证据 [J]. 心理科学, 2013, 36（1）: 26-32.

[31] 杨晨, 张积家. 粤语－普通话双言者和普通话单言者周期性时间推理比较 [J]. 心理科学, 2011, 34（4）: 782-787.

[32] 崔占玲, 张积家. 藏－汉－英三语者语言联系模式探讨 [J]. 心理学报, 2009, 41（3）: 208-219.

[33] 张积家, 崔占玲. 藏－汉－英双语者字词识别中的语码切换及其代价 [J]. 心理学报, 2008, 40（2）: 136-147.

[34] 林泳海, 王玲玉, 钱琴珍, 等. 方言经验对早期沪语儿童汉语语音意识的影响 [J]. 心理科学, 2011, 34（2）: 414-417.

[35] 李利, 张扬, 李璇, 等. 三语者语义通达中的跨语言重复启动效应 [J]. 心理学报, 2016, 48（11）: 1401-1409.

[36] Ota M, Davies - Jenkins N, & Skarabela B. Why Choo - Choo Is Better Than Train：The Role of Register - Specific Words in Early Vocabulary Growth [J]. Cognitive science, 2018, 42（6）: 1974-1999.

第 3 章

[1] 牛玉柏, 时冉冉, 岳园, 等. 电子故事书对 5~6 岁幼儿早期阅读能力的影响 [J]. 应用心理学, 2015, 21（3）: 226-233.

[2] 韩映虹, 梁霄, 梁慧娟. 不同阅读方式对 5~6 岁幼儿阅读效果的影响比较 [J]. 学前教育研究, 2010, 189（9）: 44-48.

[3] 郭秀艳, 薛庆国. 幼儿观看电视时间、节目类型及父母监督情况的初步调查研

究 [J]. 心理发展与教育，2000，16（4）：56-60.

[4] 孙燕青，董奇. 多媒体语境条件下的第二语言词汇学习 [J]. 心理科学进展，2003，11（2）：147-152.

[5] 杨晓辉，王腊梅，朱莉琪. 电子媒体的使用与儿童发展——基于生态科技微系统理论的视角 [J]. 心理科学，2014，37（4）：920-924.

[6] 刘妮娜，王静，韩映虹，等. 自读、伴读和指读对2~3岁幼儿图画书阅读中文字注视的影响 [J]. 心理发展与教育，2014，30（1）：39-45.

[7] 李鹏超，金心怡，孙忠强，等. 幼儿对交流过程中信息传递的理解 [J]. 应用心理学，2017，24（3）：243-251.

[8] 郑小蓓，孟祥芝，朱莉琪. 婴儿动作意图推理研究及其争论 [J]. 心理科学进展，2010，18（3）：441-449.

[9] 陈宝国，彭聃龄. 语言习得的关键期及其对教育的启示 [J]. 心理发展与教育，2001，17（1）：52-57.

[10] 何文广，陈宝国. 语言对认知的影响——基于双语认知"优势效应"的分析 [J]. 心理科学进展，2011，19（11）：1615-1624.

[11] 郑小蓓，王正科，刘冬梅，等. 语音训练对幼儿英语语音意识和字母知识的促进 [J]. 心理发展与教育，2009，25（1）：66-71.

[12] 龚少英，方富熹，陈中永. 双语与认知发展关系的近期研究进展 [J]. 心理科学进展，2002，10（4）：403-410.

[13] 昂晨，吕欢，周亚聪，等. 词汇熟悉度对非熟练中英双语者语言理解转换中非目标语言激活的影响 [J]. 心理发展与教育，2016，32（1）：26-32.

[14] 李恒，曹宇. 第二语言水平对双语者语言抑制能力的影响——来自英语–汉语单通道双语者和英语–美国手语双通道双语者的证据 [J]. 心理学报，2016，48（4）：343-351.

[15] 孙燕青. 第二语言学习中的反馈 [J]. 心理科学进展，2005，13（2）：156-161.

[16] 肖平. 儿童双语形成的关键年龄和教育 [J]. 心理发展与教育，1993，9（4）：32-35.

[17] 梅磊磊，李燕芳，黄仕志，等. 非母语语音短期学习的年龄效应 [J]. 心理发展与教育，2008，24（3）：89-93.

[18] 李杰,侯友,王凤梅,等.非熟练蒙英双语者概念表征的非对称性特点 [J].心理科学,2013,36(2):350-355.

[19] 赵俊华,莫雷.非熟练中–英双语者英语句子语义通达的语境效应 [J].心理学报,2010,42(9):920-928.

[20] 莫雷,李利,王瑞明.熟练中–英双语者跨语言长时重复启动效应 [J].心理科学,2005,28(6):1288-1293.

[21] 高悦,魏娜,王正科,等.汉–英儿童双语者母语和二语加工的相互作用:来自神经机制方面的证据 [J].心理学报,2015,47(12):1419-1432.

[22] 崔占玲,张积家.汉–英双语者言语理解中语码切换的机制——来自亚词汇水平的证据 [J].心理学报,2010,42(2):173-184.

[23] 孟迎芳,林无忌,林静远,等.双语即时切换下非目标语言语音和语义的激活状态 [J].心理学报,2016,48(2):121-129.

[24] 刘聪,焦鲁,孙逊,等.语言转换对非熟练双语者不同认知控制成分的即时影响 [J].心理学报,2016,48(4):1-10.

[25] 焦鲁,刘文娟,刘月月,等.双语经验影响言语产生过程中通达能力的研究综述 [J].心理科学,2016,39(2):330-335.

[26] King K A, Mackey A. The bilingual edge: Why, when, and how to teach your child a second language [M]. New York: Collins, 2007.

[27] Grosjean, François. Bilingual: Life and Reality [M]. Cambridge: Harvard University Press, 2010.

[28] Baker, Colin. Foundations of Bilingual Education and Bilingualism [M]. Clevedon: Multilingual Matters, 2006.

[29] Costa A, Vives M L, Corey, J D. On language processing shaping decision making [J]. Current Directions in Psychological Science, 2017(26): 146-151.

[30] De Houwer, Annick. Parental language input patterns and children's bilingual use [J]. Applied Psycholinguistics, 2007(28): 411-424.

[31] Barron-Hauwaert, Suzanne. Language Strategies for Bilingual Families: The One-Parent-One-Language Approach [J]. Bristol / Buffalo / Toronto: Multilingual

Matters, 2004.

[32] Zurer Pearson, Barbara. Raising a Bilingual Child [M]. New York: Random House, 2008.

[33] Grosjean, François. Bilingual: Life and Reality [M]. Cambridge: Harvard University Press, 2010.

[34] Guillelmon D, Grosjean F. The gender marking effect in spoken word recognition: The case of bilinguals [J]. Memory and Cognition, 2001（29）: 503-511.

[35] Farzaneh M, Movahed M. Disadvantage to pre-school children learning a foreign language [J]. Theory and Practice in Language Studies, 2015, 5（4）: 858-864.

[36] 吴诗玉, 张宇英, 胡青青. 第二语言阅读"熔断"假说的认知心理证据: 在线篇章处理的范式 [J]. 心理学报, 2017, 49（3）: 285-295.

[37] 梅磊磊, 李燕芳, 黄仕志, 等. 非母语语音短期学习的年龄效应 [J]. 心理发展与教育, 2008, 24（3）: 89-93.

[38] Gass S M. Second language acquisition: An introductory course [M]. London: Routledge, 2013.

[39] 姜淞秀, 李杰, 刘兴宇, 等. 不同熟练度双语者非语言任务转换的差异——来自 ERP 证据 [J]. 心理学报, 2015, 47（6）: 746-756.

[40] 张积家, 张凤玲. 双语和双言对图片命名和分类的不对称影响 [J]. 心理学报, 2010, 42（4）: 452-466.

[41] Marinova-Todd S H, Marshall S D, Snow C E. Three misconceptions about age and L2 learning [J]. TESOL Quarterly, 2000, 34（1）: 9-34.

[42] Abutalebi J. Neural aspects of second language representation and language control [J]. Acta Psychologica, 2008, 128（3）: 466-478.

[43] Grosjean, François. Bilingual: Life and Reality [M]. Cambridge: Harvard University Press, 2010.

[44] 周婷, 易春丽. 行为抑制性、父母特质焦虑与学龄前儿童行为问题的关系 [J]. 中国临床心理学杂志, 2016, 24（5）: 828-832.

[45] 刘薇，戴晓阳. 害羞的心理学研究进展 [J]. 中国临床心理学杂志，2006，14（2）：200-202.

[46] 陈英敏，高峰强，武云鹏. Shyness："害羞"还是"羞怯"——基于概念与词源学的分析 [J]. 心理科学，2013，36（2）：501-505.

[47] 侯静，陈会昌，陈欣银. 儿童 2~7 岁行为抑制性的发展 [J]. 心理学报，2008，40（6）：701-708.

[48] 曹睿昕，陈会昌，陈欣银，等. 儿童 2 岁时的行为抑制性对其 7-14 岁学校适应的预测 [J]. 心理科学，2011，34（3）：602-607.

[49] 王争艳，侯静. 儿童行为抑制性发展的研究综述 [J]. 心理发展与教育，2002，18（4）：86-90.

[50] 叶平枝，张彩丽. 幼儿社会退缩与好奇心的关系 [J]. 学前教育研究，2009，173（5）：37-40.

第 4 章

[1] 杨霞. 陪宝宝玩到入园：0-3 岁亲子早教游戏指导手册 [M]. 成都：四川科技出版社，2018.

[2] 张明红. 0-3 岁儿童语言发展与教育 [M]. 上海：华东师范大学出版社，2013.

[3] 蒙台梭利丛书编委会. 家庭中的蒙台梭利早教游戏：0-5 岁儿童语言能力开发 [M]. 北京：中国妇女出版社，2014.

[4] 萨莉·J. 罗杰斯，杰拉尔丁·道森，劳里·A. 维斯马拉. 孤独症儿童早期干预丹佛模式 [M]. 张庆长，何逸君，秦博雅，等译. 北京：华夏出版社，2016.

[5] 温蒂·玛斯，罗尼·科恩·莱德曼. 美国金宝贝早教婴儿游戏（0-1 岁）[M]. 栾晓森，译. 北京：北京科学技术出版社，2012.

[6] 温蒂·玛斯. 美国金宝贝早教婴儿游戏（1-3 岁）[M]. 史凯，译. 北京：北京科学技术出版社，2012.

[7] 周兢. 汉语儿童语言发展研究 [M]. 北京：教育科学出版社，2009.

[8] 莎莉·沃德. 与宝宝对话（0-4 岁）[M]. 毛敏，译. 北京：北京科学技术出版社，2011.

儿 童 期

《自驱型成长：如何科学有效地培养孩子的自律》

作者：[美] 威廉·斯蒂克斯鲁德 等　译者：叶壮

樊登读书解读，当代父母的科学教养参考书。所有父母都希望自己的孩子能够取得成功，唯有孩子的自主动机，才能使这种愿望成真

《聪明却混乱的孩子：利用"执行技能训练"提升孩子学习力和专注力》

作者：[美] 佩格·道森 等　译者：王正林

聪明却混乱的孩子缺乏一种关键能力——执行技能，它决定了孩子的学习力、专注力和行动力。通过执行技能训练计划，提升孩子的执行技能，不但可以提高他的学习成绩，还能为其青春期和成年期的独立生活打下良好基础。美国学校心理学家协会终身成就奖得主作品，促进孩子关键期大脑发育，造就聪明又专注的孩子

《有条理的孩子更成功：如何让孩子学会整理物品、管理时间和制订计划》

作者：[美] 理查德·加拉格尔　译者：王正林

管好自己的物品和时间，是孩子学业成功的重要影响因素。孩子难以保持整洁有序，并非"懒惰"或"缺乏学生品德"，而是缺乏相应的技能。本书由纽约大学三位儿童临床心理学家共同撰写，主要针对父母，帮助他们成为孩子的培训教练，向孩子传授保持整洁有序的技能

《边游戏，边成长：科学管理，让电子游戏为孩子助力》

作者：叶壮

探索电子游戏可能给孩子带来的成长红利；了解科学实用的电子游戏管理方案；解决因电子游戏引发的亲子冲突；学会选择对孩子有益的优质游戏

《超实用儿童心理学：儿童心理和行为背后的真相》

作者：托德老师

喜马拉雅爆款育儿课程精华，包含儿童语言、认知、个性、情绪、行为、社交六大模块，精益父母、老师的实操手册；3年内改变了300万个家庭对儿童心理学的认知；中南大学临床心理学博士、国内知名儿童心理专家托德老师新作

更多>>>　《正念亲子游戏：让孩子更专注、更聪明、更友善的60个游戏》 作者：[美] 苏珊·凯瑟·葛凌兰　译者：周玥 朱莉
　　　　　《正念亲子游戏卡》 作者：[美] 苏珊·凯瑟·葛凌兰 等　译者：周玥 朱莉
　　　　　《女孩养育指南：心理学家给父母的12条建议》 作者：[美] 凯蒂·赫尔利 等　译者：赵菁